I0149758

A Escritora

Ethel Kacowicz

A Escritora

1ª Edição
POD

Petrópolis
KBR
2011

Edição e revisão **KBR**

Editoração **APED**

Capa **KBR**

montagem sobre foto de Sérgio Amzalak/ Tatarana Foto e Filme
(Caneta A Escritora)

Copyright © 2011 *Ethel Kacowicz*

Todos os direitos reservados à autora

ISBN: 978-85-64046-08-5

KBR Editora Digital Ltda.

www.kbrdigital.com.br

atendimento@kbrdigital.com.br

24 2222.3491

B869 – Literatura brasileira

Ethel Kacowicz nasceu em Belo Horizonte, desde cedo enamorada pelas artes. Aos quinze anos experimentou os palcos como atriz, porém, tímida, optou pelos bastidores. Até os vinte foi produtora musical, mas foi como redatora publicitária, função exercida por mais de vinte anos, que revelou seu talento de criadora. Aos 42 abandonou a publicidade para se tornar artesã. Completando agora cinquenta anos, lança-se como escritora.

Email: ethelkacowicz@gmail.com

Dedico este livro
à Fonte e aos humanos divinos, que corajosamente
caminham em sua jornada pelo despertar.

Sumário

Plataforma de Embarque

Um dia me olhei e vi que cresci: já era capaz de reconhecer meus pequenos eus sem tantos ais.

Ah, as paixões!

Seriam elas o alimento das ilusões ou, quem sabe, fagulhas capazes de trazer à luz o verdadeiro amor? Quando nos entregamos às grandes paixões, costumamos ser intensos, mas também rasteiros. Insistimos em alcançar no outro aquilo que nos falta, algo que se perdeu ou que ainda nos foge – possivelmente o amor por nós mesmos.

Paixão e amor. Emoções e sentimentos que se confundem, nos parecem a mesma coisa, porém sempre nos levam em direções opostas: a paixão sempre dirigida para fora, enquanto o amor nos leva cada vez mais para dentro.

Posso dizer que embarquei, acreditando que realmente amava, em incontáveis paixões sofridas... E que amar era assim mesmo. Doído. Até perceber que o Amor era, esse sim, o carro-chefe que me guiava. O amigo paciente das paixões descarriladas que, agora eu sei, foram sempre meus bilhetes. Ritos de passagem. É essa a história que me proponho a contar, bem mais extensa e profunda, porém, que suas partes aqui salpicadas.

Muito do que ocorreu não será revelado. Meus personagens são todos reais, pessoas que amei, e amo, e que hoje reconheço: mestres preciosos em minha jornada. Por isso lhes devo o maior respeito, e evito ao máximo os detalhes sobre quem foram, ou como agiram comigo, certa de que minha visão não alcançará a verdade inteira – o que incluiria, obviamente, seus próprios pontos de vista.

Saliento ainda que para me retratar, desnudar meus sentimentos, foi preciso falar como quem se vê de fora. Por isso, abandono o relato em primeira pessoa; me posiciono no lugar que me cabe como narradora, observadora das inúmeras personagens que fui, até chegar a ser quem sou agora.

Eu sou A Escritora

Me apresento como previsto
Cumpro minha missão
Pois assim está escrito

Havia uma voz guardada
Oculta em mim, bem escondida
Que não me deixava parar

Me incitava a ir mais longe
Algo além da intuição
Até o poder de alcançar
E expandir minha visão

Estação I

O chamado

Ela tinha sete anos quando temeu as próprias esquisitices pela primeira vez. Ainda se refazia do espanto de perceber o quanto tinha crescido: conseguira enxergar seu rosto inteiro refletido no espelho do banheiro, sem ter que subir no bidê. Apoiada na pia, toda esticada na ponta dos pés, se sentia maravilhada ao experimentar a novidade, que lhe parecia deliciosamente libertadora.

Foi naquele instante, naquele exato momento, que a voz se manifestou e sussurrou, bem devagar, como se a intenção de cada pergunta fosse não só ser ouvida, mas para sempre lembrada:

— Quem sou eu?

— O que estou fazendo aqui?

A voz era misteriosa; e a menina sentiu sua gravidade no tom. Então achou que era urgente responder, pondo-se logo a pensar em quem era ela, no que estaria fazendo aqui.

Mesmo com a inocência de sua pouca idade, nada do que lhe ocorreu parecia uma justificativa bastante boa para o tamanho da questão. Então, foi mergulhando, a uma profundidade cada vez maior, sentindo e descartando resposta por resposta, até se ver afogada em um inexplicável vazio interior, afundada num lugar sem sentido onde nunca havia estado antes.

Ficou ali, aturdida pelo choque, paralisada diante do espelho; o coração acelerado pelo medo e a sensação de estar num buraco negro, mas tão negro, que se encheu de pavor. E quanto mais se esforçava para encontrar uma resposta plausível, mais o chão parecia lhe fugir. Era, talvez, como um soco no estômago: forte e assustador demais para uma menina de sete anos. Então, num impulso, saiu correndo do banheiro para perguntar à mãe:

— O que estamos fazendo aqui?

Ela obviamente parecia aflita, o que foi visto como corriqueiro em seu comportamento, normalmente mais ansioso do que seria de se desejar.

— Como assim? De onde você tirou isso? — perguntou a mãe, entre surpresa e divertida.

Tentando explicar melhor, ela refez a pergunta: — Pra quê a gente existe?

Os risos pipocaram e a menina se viu, paradoxalmente, em uma realidade perturbadora: o que soava terrivelmente engraçado para a mãe, para ela era apavorante. O que logo a fez imaginar que talvez o buraco onde tinha caído fosse tão grande, mas tão grande, que era impossível enxergá-lo. Era algo que só sentindo.

E assim, sendo sugada repentinamente por um rombo em seu peito, ela acionou o gatilho que a colocou na busca de seu verdadeiro Eu, de seu Propósito real: uma jornada que foi fazendo aos poucos, passo a passo, de volta para si própria.

ESTAÇÃO II
O LIVRO DENTRO DO LIVRO

*Pensando bem, tudo que há de belo
ou feio em nós é por causa do Amor.*

Ela tinha 15 anos quando o pai adoeceu e foi obrigado a passar por uma difícil cirurgia no coração. Aconselhado a se tratar em outra cidade, voltou três meses depois nem tanto são, porém salvo.

Na véspera do retorno, a mãe já tinha avisado ao telefone que ele precisaria de muitos cuidados, durante a longa recuperação. Havia também a explícita recomendação médica de que não lhe causassem aborrecimentos dali para frente, sob o risco de novo infarto.

Ela os viu à distância, descendo do avião: o pai carregado escada abaixo e depois empurrado numa cadeira de rodas, acenando debilmente para a sacada onde os aguardava; a mãe, completamente encurvada, visivelmente afetada pelos dias aflitos em que tivera que lidar sozinha com toda a dor e angústia do marido.

Observando a cena, e agradecendo a Deus por tê-los de volta, a filha jurou que, se dependesse dela e de suas atitudes dali para frente, os pais viveriam por muitos anos. Correu imediatamente ao encontro deles, vendo pela porta de vidro quando se aproximaram do saguão de desembarque. Percebeu o quanto tinham envelhecido. Definitivamente, estavam mudados; aparentavam bem mais do que seus respectivos 47 anos.

Naquele dia, viu o pai chorando feito um bebê enquanto a

apertava junto ao peito o mais forte que podia. Emocionado, contou a ela sobre o medo de não rever os filhos, desejo que lhe tinha dado forças para passar pelos terríveis sofrimentos e sobreviver. Pela primeira vez, entre risos e lágrimas, ela o escutaria dizer com todas as letras o quanto a amava, de como sentira sua falta e da imensa felicidade por tê-la em seus braços. Mas ao invés de alívio, ela — que sempre o amara demais, desejando secretamente todo o carinho, atenção e aprovação dele — sentia a sombra de novas e graves preocupações. Por isso, jurou que a partir daquele dia faria todo o possível para se tornar motivo de orgulho e despreocupação, passando a poupar exageradamente os pais de tudo que julgasse ser um peso para eles.

***

Estava com dezoito anos quando tomou a decisão. Foi num estalo, seguindo a sugestão súbita do coração. Tinha se preparado durante todo o semestre para prestar o vestibular de odontologia. Sendo assim, nem ela mesma pôde explicar o que lhe deu quando, na hora H de fazer sua inscrição, saiu correndo do guichê onde estava direto para o de Comunicação. O fato é que em um minuto alterou radicalmente o seu futuro, sem razões para se arrepender depois ou imaginar como teria sido sua vida, caso tivesse se tornado dentista.

Antes mesmo de se formar, já atuava como profissional de criação em uma grande agência de publicidade; mal recebeu seu diploma foi convidada a dar aulas na faculdade onde tinha se graduado. Tudo estaria perfeito, não fossem os sentimentos de inadequação e baixa autoestima, trazidos desde a infância e agora camuflados pela máscara do sucesso.

A Redatora

Pela janela do apartamento, escutava as vozes de meninos lá em embaixo, batendo boca. Era uma daquelas disputas entre garotos: o meu pai é foda, o meu é mais que o seu, mas o seu não mora com a sua mãe, e o seu não tem o carro que o meu tem e por aí afora.

O volume baixou um pouco quando mudaram o tema da discussão: quem namorava a menina mais bonita da escola.

Que beleza! — pensou ela. *Nunca fui a menina mais bonita da escola... nem da sala... nem da turma. Nunca fui ao menos a mais simpática ou queridinha...*

Imediatamente pensou em fechar o vidro, mas o calor sufocante aumentava a sua irritação. Seu dia tinha sido terrível, e era impossível parar de pensar em como andava se sentindo preterida ultimamente, não só pelos homens que conhecera, mas também no escritório onde tinha abraçado sua carreira, há quase seis anos.

Recentemente, a empresa de publicidade passara por uma fusão com duas agências menores, alterando toda a sua estrutura com a entrada de dois novos sócios. O volume de serviços, normalmente grande, vinha agora se multiplicando. Não que as tarefas a incomodassem: ela amava sua função. O que a desgastava era o clima estranho, pesado, repleto de conchavos sutis que, dia após dia, roubavam a paz no ambiente de trabalho.

Naquela noite de sexta-feira, quando finalmente encerrava o expediente, tinha sido chamada para uma reunião urgente com o novo sócio, que atuava como diretor de planejamento. Subiu contrariada ao segundo andar, torcendo para que não fosse outro trabalho a ser feito imediatamente.

Assim que entrou na sala, deu de cara com o diretor de arte com quem fazia dupla muito à vontade, acompanhando o outro num uísque. Sem graça com a falta de consideração de seu parceiro, constatou tristemente que agora era sempre assim: desde que ele fora promovido a diretor de criação, três meses atrás, raramente ficava na própria mesa para se dedicar ao trabalho. Simplesmente, sobrava para ela criar tudo o que seria de responsabilidade da dupla. Enquanto isso, lá em cima, ele se estendia em conversas fúteis e intermináveis com o sócio novo, sim, claro, pois sabia que quando descesse já encontraria várias ideias criadas e bem encaminhadas, restando-lhe apenas desenvolver os layouts para aquela que escolhesse.

Não era ciúme ou inveja o que ela andava experimentando, e sim uma enorme confusão. Não conseguia entender como o diretor de arte podia ter mudado tanto, e tão de repente: sempre haviam se mostrado bons parceiros, além de muito amigos. Se há dois anos formavam uma dupla que vinha alcançando maturidade e sucesso, por que agora ele se afastava tanto? Por que sempre fugia, quando ela tentava tocar no assunto?

Era nisso que pensava quando entrou na sala do diretor de planejamento e este lhe contou que acabavam de conquistar uma conta importantíssima. Fariam o lançamento de um novo jornal, e como o projeto era audacioso, traria uma enorme visibilidade para a agência: uma oportunidade de ouro, pois a capacidade criativa da empresa estaria exposta, como se fosse colocada numa vitrine privilegiada, com chances de atrair e conquistar clientes ainda mais promissores. Para tanto, precisariam desenvolver uma campanha absolutamente inovadora e criativa, capaz de introduzir com sucesso o produto no mercado e conquistar muitos prêmios.

— A verba é boa e nós vamos desenvolver a campanha em três fases, passando por *teasers*, lançamento e sustentação. Vamos criar a marca, o slogan, roteiros para TV, comercial de rádio, outdoor, mala direta, anúncios de revista e ideias promocionais — instruiu o diretor.

Assim que soube, ela ficou animada. Era rara a oportunidade de criar para um cliente novo, e tão diferente das contas de governo e varejo que costumava atender.

— E qual é a linha do jornal? — perguntou ela, já se esquecendo dos assuntos que andara ruminando.

— Bom, aí é que tá, os editores ainda estão chegando a um consenso. Só vamos ter uma definição mais clara no meio da semana. Mas vá pensando desde já porque só temos dez dias para apresentar a proposta — respondeu ele.

— Ok! Já começo a pensar no fim de semana... — ela respondeu.

— Ótimo! Mas lembre que a gente tem que criar uma puta ideia — respondeu o homem do planejamento, antes de secar o resto da bebida, num gole só, já se levantando para sair.

Ela, porém, continuou sentada. A reunião não poderia terminar assim, com toda a responsabilidade em suas mãos. A função dele, como profissional de planejamento, não se limitava a definir as etapas da campanha. Caberia a ele ou ao diretor de criação o mais importante: nortear o rumo que tomariam para desenvolver o trabalho, algo chamado em publicidade de "conceito da comunicação".

A definição de um conceito a ser trabalhado era básico para a criação de qualquer campanha, o ponto de partida para que a redatora desenvolvesse qualquer proposta que fosse. Por isso, ela insistiu:

— Adorei a estratégia de dividir a campanha em etapas, mas que conceito nós vamos trabalhar? — perguntou.

— O público é classe média, o jornal é diário, as matérias curtas e a linguagem bem simples. E você é boa o suficiente pra resolver a questão... Ou não é? — disse o homem do planejamento, com seu habitual sorrisinho debochado lhe entortando a enorme boca.

Pelo tom sarcástico da resposta, seguida pelo silêncio do outro, ela viu que teria mais uma vez que se debulhar nas próprias ideias, mesmo sendo aquela conta tão importante.

— Vamos ver, espero que sim... — disse, se levantando rapidamente, antes que seus olhos teimosamente transbordassem. Já de costas, desejou a eles um bom final de semana e sumiu pela porta, segurando o pranto.

O desejo, a caminho de casa, era rotineiro: chegar e encontrar o cheirinho bom do jantar pronto, a casa toda limpinha, a caixa de correio com novidades incríveis e o mais esperado: um colo amoroso ao qual poderia se entregar e esquecer as aporrinhações do dia. Era esse o sonho diário, mas a chegada foi também uma repetição: pegar as contas enfiadas por baixo da porta pelo porteiro, entrar pela sala escura, acender as luzes, pendurar a bolsa na maçaneta bamba da porta do quarto, lavar as mãos, tirar a vodka do freezer.

— Santa vodka, como relaxa essa porcaria!

— Triiiim... — O telefone não tocou duas vezes.

— Alô?! — ela atendeu, tentando fazê-lo no tom mais relaxado que encontrou.

Finalmente, após passar todo o dia esperando, devia ser ele. Há cinco dias não via o namorado e ninguém iria querer se encontrar com uma mulher que está a passo de explodir.

— Puxa! Estou com saudades, você não vem?... Dormir, já?! Está bem, não vou insistir... — Sem brigas, já sem lágrimas, guardando calada a sua imensa tristeza, ela desligou. Teria que abrir gavetas novas para as decepções. Irritada com a gritaria dos meninos lá embaixo, queria sumir, desejava não sentir nem ouvir mais nada.

— Puxa, são quase dez da noite! Será que esses garotos não têm mãe, não? Pelo menos pra mandá-los entrar?! Então mando eu! — rosnou, falando sozinha, marchando para a janela. Mas quando olhou para fora e os avistou, felizes e animados com a perspectiva do sábado, se controlou: — Calma, menina, calma! São apenas crianças, eles não têm culpa das suas frustrações... As coisas vão melhorar! Como disse sua amiga Scarlet O'Hara, amanhã é outro dia...

E a noite a levou.

***

No dia seguinte acordou bem cedo, ainda na mesma posição em que se deitara. O corpo duro e a dor nas costas lhe davam a impressão de não ter se virado uma só vez, não ter mexido um único músculo durante o sono.

Rememorando os últimos acontecimentos, foi lentamente abrindo os olhos; na penumbra do quarto, pôde ver o envelope entregue pelo correio três dias antes e desde então esquecido em cima da cômoda. Era um diploma de menção honrosa num concurso nacional de roteiros, promovido pela Kodak. Não era o primeiro lugar, mas ainda assim uma grande façanha: concorrera com mais de 350 inscritos.

Já pensando em aproveitar a paz de casa para trabalhar e se adiantar no final de semana, lembrou-se imediatamente do debochado diretor de planejamento, jurando para si mesma que criaria a melhor campanha que já tinha feito na vida. Daria um belo cala-boca nele.

Novamente confiante, se espreguiçou para espantar a moleza, sentindo o corpo roçar nos lençóis. Então, pela fresta da cortina, encontrou o céu limpo e muito claro, exatamente como gostava.

— Bom-dia, Deus. Bom-dia, sol. Bom-dia, esperança... E olhando no espelho, que tomava toda a lateral do quarto, encontrou seu reflexo. Era até bem bonita... — Bom-dia, você! — Fechou os olhos, e com a mão acariciando o peito, sentiu o próprio coração: tum-tum, tum-tum, tum-tum... *Que maravilha sobreviver às crises! Pena que algumas vezes a gente se esquece disso* — pensou.

O dia azul era um convite à vida. Poderia ir até a piscina simplesmente relaxar um pouco, ou ficar o dia todo se quisesse. Talvez até trabalhasse por lá, bastava levar caneta e um bloco de anotações para registrar as ideias que viessem. Bastou-lhe imaginar o verde-água da piscina chamando para que se colocasse imediatamente de pé.

Foi direto para a cozinha. Quando abriu a geladeira, encontrou boiando em sangue a carne posta na véspera para descongelar. Jurou virar vegetariana.

— Mamão, banana, ovos, pão torrado, queijo e um cafezinho. Para muitas pessoas no mundo, um banquete. Mas hoje é sábado, não vou me preocupar com os problemas dos outros, de jeito nenhum. E viva o pão torrado, os ovos mexidos e um café bem quentinho para começar um dia feliz!

Enquanto jogava a água fervendo pelo coador, o telefone tocou no quarto e ela foi correndo atender:

— Alô? Oi, mãe, tudo bem? Não, não me acordou, de jeito nenhum! Eu já estava preparando o café... Sim, mãe, estou comendo direitinho. Ah, um relatório? Tá bom: banana, mamão, café, torrada, ovos... um "cafezão", do jeitinho que você gosta! —respondeu, rindo. Há uma semana não visitava os pais, embora trabalhasse bem perto de onde eles moravam.

— Sei que ando sumida, mãe, é o trabalho, você sabe... Não, supermãe, não vou estafar de novo, pode ficar tranquila! Também estou com saudades... Não, não estava pensando em ir almoçar hoje, queria ir pra piscina... Rosbife? Daqueles que só você faz?! — Era melhor ir ver a mãe. Se não fosse, se sentiria culpada.

— Está bem, mãe, fico um pouquinho na piscina e chego aí. Mas é só por causa do rosbife, viu?! — disse, rindo e já desligando, sabendo que a mãe adorava ser elogiada pelas deliciosas comidas que preparava.

— E eu pensando em virar vegetariana! — comentou consigo mesma, no fundo achando a maior graça.

Quando voltou à cozinha e encontrou o café passado pela metade, logo desistiu de comer. Só não desistiu do bocadinho da bebida, forte demais e já fria, nem do bom humor que pretendia manter, a todo custo, naquele final de semana.

***

"Dizem que se pode ter uma ideia da idade que se aparenta pelos homens que te olham. Se forem jovens, você deve estar bem. Se forem velhos, é bom se cuidar!", lhe tinha dito uma tia, alguns anos antes, com ares de entendida. Ela nunca tinha se lembrado disso, até notar os olhares dos garotos em sua direção, na piscina do clube pela manhã. *Nada mal pros meus 28!* — pensou.

Distraída na fila do supermercado, devaneando sobre o assunto, sentiu como se algo lhe queimasse a nuca. Instintivamente virou o corpo e deu com os olhos de uma senhora, sua vizinha do andar de cima, que quase nunca via. Ao cumprimentá-la, recebeu de volta um sorriso seco, não podendo deixar de notar o que considerou certo ar de superioridade ou desaprovação.

Mesmo se ela fosse a pessoa mais distraída do mundo, teria percebido algo de desagradável naquele olhar, que lembrava o movimento de uma serpente ziguezagueando por seu corpo. Constrangida, voltou-lhe as costas, pensando no porquê de a outra parecer tão incomodada com ela. Seria o short, talvez um pouco curto ou apertado demais em seus quadris? Mas, bem, nada estava errado ou fora dos padrões; a cobra que se incomodasse para lá.

A fila andou e ela respirou aliviada, sabendo que não demoraria muito a sair dali. Seria a próxima a passar pelo caixa, mas quando viu o enorme carrinho sendo esvaziado na sua frente, lotado de produtos e todos os tipos de bugigangas, pediu a Deus por paciência, porque ainda mais perto, fungando em seu cangote, a vizinha parecia fazer questão de se mostrar presente.

Não se passaram dez segundos e ela foi puxada com força pelo braço.

— Você viu esta oferta? — Era a mulher, mostrando um pacote de cinco quilos de arroz que na sua casa duraria pelo menos um ano.

— Não, senhora, não reparei — respondeu.

— Pois é! Você devia aproveitar. É de ótima qualidade e o preço está muito bom —insistia a mulher.

— É que eu não sei se a senhora sabe, mas eu moro sozinha. Trabalho fora o dia todo e... — Antes que terminasse a frase, foi bruscamente interrompida pela senhora, dessa vez falando rápido e alto, com puro desdém:

— Eu sei que você mora só. A minha filha me falou de você!

Ah, sim! Então era isso? Agora tudo se explicava. Podia compreender o motivo de incomodar tanto àquela víbora.

***

No prédio onde morava, havia um pequeno jardim com banquinhos onde ela gostava de ficar às vezes, simplesmente para relaxar antes de dormir. Uma semana atrás, tinha encontrado ali uma desconhecida, agora identificada como a filha da vizinha. Naquela noite, quando chegou ao jardim, surpreendeu a moça encolhidinha, no mesmo cantinho onde gostava de se sentar, com os olhos já inchados de tanto chorar.

Ainda pensou em dar meia-volta, mas antes que o fizesse os olhos das duas se cruzaram, ficando fixos uns nos outros por alguns momentos. Sorriu, empática, como se dissesse, sem palavras, não haver mal algum em ter sido surpreendida assim. Afinal, quem, nesta vida, fosse homem ou mulher, nunca tinha sofrido?

Ainda sem graça, a outra lhe devolveu o que parecia ser a tentativa de um sorriso, algo que logo se misturou a um choro baixo e mal contido, o que a fez se aproximar e tentar ajudar.

— Você mora aqui? Está com problemas? Precisa de ajuda? — foi logo disparando as perguntas.

Tentando limpar as lágrimas que não paravam de rolar, a moça apenas fez que sim com a cabeça e continuou em silêncio.

— Olha! A gente nunca se viu, não posso imaginar a razão da sua tristeza e nem quero ser indiscreta. Mas se você precisar desabafar, pode se abrir comigo... Não precisa ficar sem graça porque também tenho muitos problemas e, aliás, estou sempre chorando! Se você preferir, vou embora e te deixo à vontade... Mas, sinceramente, gostaria de poder ajudar...

Em pouco menos de meia hora, a moça tinha se aberto por completo, deixando à mostra muita raiva, confusão e revolta. Era angústia o que ela escondia por baixo de uma máscara que se obrigara a usar, de mulher bem casada, feliz e realizada.

Tinha trinta e três anos, dez de casamento e dois filhos. Chegara a se formar na faculdade, mas engravidara antes de se casar. Duramente pressionada pela família a fazer o que julgavam ser o melhor para ela, não apenas se casou, como aceitou a imposição do marido, que não queria, de jeito nenhum, que trabalhasse e construísse uma carreira.

Dessa forma, assumiu integralmente o papel de esposa, mãe e dona de casa. E até tinha sido feliz, mais no princípio, quando ainda se sentia amada. Mas a rotina e o tempo foram mudando tudo, até chegar naquele ponto insuportável: ela agora vivia com um homem que jogava na cara dela que a sustentava, na mesma medida em que a chifrava e a chamava de louca quando ela suspeitava.

Sem autoconfiança e totalmente dependente, ela se via sem

saída. Achava que se separar seria pior. Afinal, sem nunca ter trabalhado na vida, se julgava velha para começar, e incapaz de manter o padrão de vida ao qual ela e os filhos estavam acostumados. Não poderia sequer contar com a própria mãe que, mesmo morando sozinha, não admitia vê-la separada e nem recebê-la novamente em sua casa. Dizia para a moça que fosse inteligente e fizesse como ela mesma havia feito antes de enviuvar: que aproveitasse o melhor que o marido tivesse a oferecer, fingindo não ver nem desconfiar de nada.

Ouvindo essa história, logo começou a encorajá-la a dar um rumo diferente em sua vida, mesmo que a princípio passasse por algum sufoco. Era formada, devia ser bem relacionada, certamente arrumaria um emprego. Além do mais, de velha não tinha nada, poderia muito bem retomar seus projetos e ir crescendo aos poucos! Por que não?! Com certeza seria mais feliz e tudo daria certo no final. Mesmo porque sempre encontramos anjos pelo caminho, muitas vezes onde menos esperamos. Ela mesma não estava ali, agora? Quem sabe até poderia ajudar, conhecia tanta gente, tantas empresas, poderia muito bem distribuir o currículo da outra.

— É, por que não? Vou pensar seriamente em tudo que você me disse! — resolveu a mulher, mais aliviada, aparentemente decidida a se aventurar por um novo caminho.

Depois disso, se despediram como amigas, prometendo dar notícias. Mas foi a única vez em que se cruzaram, e agora aquele projeto de mãe aparecia, jogando letrinha?! Se a vizinha pensava que a intimidaria como fazia com a filha, estava redondamente enganada! Ela era normalmente uma moça educada e bastante gentil. Mas bom seria que não a provocassem, porque, como dizia sua própria mãe, "não tinha papas na língua".

Parecendo ler seus pensamentos, a senhora falou, a trazendo de volta à fila do supermercado:

— Você é bonita, mas já não é mais uma menina! Devia tentar encontrar alguém, se casar, ter uma família...

— Na verdade, já fui casada. Mas não deu certo e nos separamos — respondeu ela, começando a perder a paciência.

— E você não teve filhos?

— Não, não tive. Mas ainda estou nova e pretendo me casar de novo. Sou bem romântica, na verdade...

— Romântica? Você devia ser mais realista!

— Realista? Como assim, não entendi! — ela respondeu, sabendo exatamente em que tipo de realidade vivia aquela pobre senhora.

— Os homens dizem... Mas apenas dizem que gostam de mulheres independentes. Porque compromisso que é bom, com elas, não assumem de jeito nenhum! — rebateu a vizinha amarga, do alto de sua sabedoria.

Sim, a cobra havia lhe dado um bote certeiro, atingindo em cheio seus sentimentos, bagunçados e doídos. Era como se adivinhasse as suas caraminholas e as expusesse ali, em som claro e bom, para quem quisesse ouvir na fila do supermercado. Por isso, respondeu baixinho, evitando chamar qualquer tipo de atenção extra:

— É, nisso eu concordo, a senhora tem razão... Homens parecem ter dificuldades com mulheres independentes...

— Olha, minha filha! O que eu sei é que para ser respeitada neste mundo, você precisa ter um homem do lado — disse a mulher, não só em tom de quem encerra a conversa, mas de quem o faz com verdadeiro desdém.

Aquilo foi demais. E a fez colocar para fora, sem controle, toda a raiva e mágoa de carências e frustrações acumuladas:

— Mas se fosse assim... A senhora é viúva! Não encontrou mais ninguém que lhe aturasse e nem por isso acho que deva ser destratada. Então vou lhe dizer, polidamente, que não a culpo. Não é mesmo fácil viver num mundo tão preconceituoso! Mas é por causa de gente que pensa como a senhora que as coisas são como são. Pessoas que incentivam conceitos machistas, alimentando homens inseguros e incapazes de se relacionar de igual para igual com uma mulher! — foi dizendo num fôlego só, diante da cara ofendidíssima da outra.

— Você é grosseira, me respeite, eu podia ser sua mãe! — disse a vizinha, espumando de raiva.

— A senhora não tem ideia do que está dizendo! Eu, graças a Deus, tenho uma mãe maravilhosa...

A fila andou, e já sem pressa, ela foi colocando suas compras na esteira. Já não ouvia nada além de seus próprios pensamentos repetitivos, questionando se realmente valia a pena ser como ela era.

Espelho, espelho meu, existe alguém mais perdida do que eu?

— Muito bem, menina! — falou para si, dando uma olhada geral diante do espelho.

Naquela manhã, o tecido fino em tons esverdeados caía perfeito sobre seu corpo levemente bronzeado. Às vezes se achava bonita, muitas outras não. Enxergava-se cheia de defeitos. Tentava imaginar qual seria sua impressão se visse a si mesma com os olhos de outra pessoa. Não sabia, definitivamente, como seria.

— Bolsa, carteira, chave, cigarro... tudo aqui!

Mal tinha chegado do supermercado e novamente estava saindo, pois assim que entrou em casa o namorado tinha telefonado. A ligação foi rápida, o tempo suficiente para combinarem de ele ir buscá-la em uma hora. Precisavam muito conversar, ele tinha dito, mostrando estar mais deprimido do que de costume.

Quando cruzou a guarita do edifício, já o encontrou na porta, dentro do carro, de cara amarrada. Entrou com um sorriso e lhe ofereceu a boca, mas ele a beijou no rosto sem nem olhá-la direito.

— Aonde vamos? — perguntou, já arrancando o carro.

Há quase uma semana não se viam, mas não havia clima para falar de saudades.

— Para onde você quiser — respondeu ela em voz baixa, sentindo a falta de um carinho qualquer.

— Fala aí algum lugar... — insistiu ele, irritado. Estavam juntos há quase três anos, ele sempre em crise.

— Tá, então me diz pelo menos o que você quer fazer — disse ela, pacientemente.

— Quero conversar com você, é isso que a gente precisa fazer...

Ah, meu Deus! Ele vai terminar de novo — pensou ela. *E depois vai querer voltar de novo... e terminar de novo, e voltar de novo... Por que, meu pai? Por que eu tinha que gostar novamente de alguém tão perdido?*

Calados, rodaram pelas ruas da cidade por duas horas, ele literalmente sem saber para onde ir. Ela bem que tentou sugerir alguns lugares que costumavam agradá-lo, mas nenhum o convenceu. Por fim, decidiram voltar para a casa dela, onde poderiam conversar à vontade sobre os mesmos problemas de sempre...

***

Tinham se conhecido num bar, mas não em uma noite qualquer. Era um sábado de inverno, gelado, ela sem querer sair de casa de jeito nenhum. Seu corpo pedia uma cama aconchegante e um chocolate quente, mas a amiga continuava a insistir no telefone, precisava muito de companhia.

— Estou péssima! — dizia a outra.

— Vem pra cá, a gente conversa, dá umas risadas e você dorme aqui comigo — ela propôs.

— Por favor! Eu preciso sair, ver gente, me divertir! — choramingava a amiga, sem pensar em desistir.

— Está bem, está bem, está bem! Eu saio com você! — cedeu ela, realmente acreditando que amigas são pra essas coisas. *É, mas é sempre assim!* — pensava, enquanto se arrumava. *Quando está bem com o namorado, nem se lembra que eu existo. Mas quando tem essas brigas, sobra para quem? E a boba aqui sempre cede, nunca sabe dizer não. Já estava na hora de aprender, pelo menos de tentar!*

A essa altura ela já estava vestida, tinha dito que sim e cumpriria a palavra. Então tratou de buscar a outra em casa, confirmando, a contragosto, que ela já andara bebendo.

— Aonde vamos? — perguntou.

— Ah, num sei... Esqueci de te falar... tô sem dinheiro...

Que novidade — ela pensou. *Eu nem queria sair e ainda vou ter que pagar a conta!* Não que se importasse com isso, estava sempre paparicando os amigos. Apenas se questionava porque alguns nunca tinham dinheiro quando saiam com ela. E já que seria a anfitriã, rumou direto para o bar que gostava de frequentar: um galpão quente, sempre cheio de gente e com uma ótima banda ao vivo. Não que ela pretendesse encontrar ou conhecer alguém por lá, muito pelo contrário. Tinha custado a se recuperar de suas últimas experiências românticas, tão dolorosas e inquestionavelmente marcantes; e agora, finalmente, começava a sentir o coração tranquilo, quase em paz. Isso, para ela, era uma promessa: sozinha estava e assim planejava continuar.

Ao entrarem no lugar apinhado, sem uma mesa vazia e onde mal se conseguia andar, tiveram sorte em encontrar dois banquinhos vazios junto ao balcão de bebidas. Ali ela se sentiria confortável, pelo menos estaria sentada e poderia se distrair observando o movimento, hábito que a fazia pensar por que tanta gente insistia em seguir a moda, tornando-se apenas uma cópia de outras pessoas.

Há um bom tempo ela não frequentava a noite, pelo menos uns quatro meses. E como costumava ir bastante ao lugar, foi abordada pelo baixista da banda, que passava pelo bar e a viu:

— Olá! Que bom te ver aqui, você desapareceu...

— Nossa, e como! Eu já estava com saudades... — respondeu ela.

Sem tempo para conversar, o músico correu para se juntar aos outros no palco, dizendo que mais tarde se falariam.

Ótimo! — ela pensou — *assim não tenho que explicar as razões do meu sumiço.*

De fato, ela não queria mais falar sobre isso. Sentira-se envergonhada ao contar para algumas pessoas que teve estafa aos vinte e seis anos. Disseram que era exagero, "frescuras de mulher", como já tinha escutado. Mas tinha sido mesmo um estresse violento, causado por um estilo de vida que incluía um constante excesso de trabalho, uma tensão diária no cumprimento de metas e prazos, decepcionantes tentativas afetivas, ansiedade e um sentimento de impotência ao ver o pai, tão jovem, fragilizado e deprimido pela doença cardíaca.

Nessas circunstâncias, a estafa se apresentara como uma das sensações mais estranhas que ela já havia tido. Veio do nada e começou sem qualquer aviso, logo após uma reunião de trabalho num restaurante, durante o horário de almoço. Assim que ela se levantou da mesa e começou a caminhar para a porta de saída, sentiu que não mais andava mas sim, flutuava. Era surreal, pois se movia como se estivesse em um filme sendo rodado em câmera lenta. Os sons do ambiente, antes claros e em tempo real, tornaram-se também distorcidos, em baixa rotação. Parecia que tinha caído numa dimensão desconhecida, mas assim mesmo entrou no carro sozinha, sem comentar nada com ninguém. Dirigiu os cinco quarteirões que a separavam da agência, onde acabou sendo socorrida e imediatamente levada ao hospital.

Internada para observação, sob suspeita de ter bebido, acabou diagnosticada com estafa. Foi medicada com remédios tarja preta e sérias recomendações de que descansasse o máximo possível, e que evitasse saídas noturnas durante algum tempo.

Era assim mesmo a sua vida, uma surpresa atrás da outra. E quando a guitarra gritou em seu ouvido, trazendo-a de volta ao banquinho do bar onde o show começava, notou que estava instalada no pior lugar possível, bem debaixo das caixas de som. *Quer saber? Melhor ainda!* — pensou.

Com todo aquele barulho, estaria dispensada de conversar, algo impossível com o som naquela altura. Apenas ficaria lá sentada, olhando os músicos, bebericando sua vodka e observando a amiga enxugar a primeira dose de uísque. Nem dez minutos se passaram antes de ela pedir mais uma, servida no instante em que dois rapazes se aproximavam querendo puxar conversa.

Sem olhar para o lado, fingiu não notar a presença deles pelo tempo que foi possível, já que um deles logo deu um grito, ainda mais alto que a música, em seu ouvido:

— Ô lôra! Você não fala nada, não?!

Tentando sorrir, ela fez que não. E não porque fizesse questão de ser antipática, mas não queria conversar gritando. Além do mais, o rapaz era bem inconveniente, e ela não estava interessada.

— Dá o pé, lôra! Dá o pé, dá... — insistia ele.

— Não liga, não! Ela hoje tá muuuuito chaaaata, mas eu amo ela! — gritou a amiga, se pendurando em seu ombro e já começando a enrolar a língua.

O show estava ainda pelo meio quando ela viu a amiga já aos beijos com um dos caras, cena que a deixou com raiva. Puxou a outra de lado.

— Ei... vamos embora? A gente já saiu, já se divertiu, vamos pra casa?

— Agora que eu tô começando a me divertir?! De jeito nenhum! — retrucou a outra.

— Vamos, por favor. Não faça isso! Quem já viu suas brigas de namoro sabe que amanhã tudo se resolve, e você fica aí, cheia de remorso, na maior ressaca moral. Para com isso, já deu, me ouve...

— Tá bom, a gente vai. Mas antes me deixa dançar só um pouquinho... — E lá foi ela toda escorregadia para a pista de dança, com o cara que acabara de conhecer a tiracolo.

A essa altura, realmente se lamentava por ter saído, sentindo raiva de si mesma por não tomar uma atitude e ir embora. Não sabia se era santa ou boba, por sentir-se tão responsável pela outra, mas conhecia bem aquele estado vulnerável em que a amiga se encontrava. E mesmo pra lá de contrariada, ficou vigiando a moça de longe, pensando em qual delas seria a mais tonta. Deveria ou não tomar coragem de deixá-la sozinha, caso insistisse em ficar?

Era essa a situação quando ela pousou os olhos, sem querer, no homem sozinho de pé do outro lado do balcão. Bem próximo à pista, não estava nem longe nem perto, mas a uma distância suficiente para também percebê-la no meio da multidão.

Algo nele chamara sua atenção e ela agora o observava. Não era bonito nem feio, interessante, talvez. A roupa, simples e de bom gosto, era clássica, quase sofisticada para o lugar. Moreno, alto, forte. E embora tivesse presença, parecia tímido e inseguro, pois assim que a percebeu olhando em sua direção, desviou sem graça o próprio olhar. Mas logo a olhou de volta, para retirá-los no mesmo instante. E de novo voltou. E tirou. E voltou. Até conseguir finalmente parar e lhe dar um sorriso, que tentava forçosamente parecer descontraído.

Engraçado — ela pensou — *acho que já vi esse cara antes*. E sorriu de volta, achando divertida toda aquela timidez.

Do meio da pista, a amiga lhe fazia sinais a chamando pra dançar. Isso sim, ela adorava, mas não iria mesmo; não com aquele cara podendo pensar que ela queria se mostrar. Não demorou muito até que o homem moreno, visivelmente inseguro, tomasse a iniciativa de se aproximar, gesto, aliás, totalmente infeliz, pois a chamou para ir até onde ele estava.

Ha, ha, ha, não estou acreditando! Qual é a desse cara? — pensou, com verdadeiro desdém. Mas acabou respondendo ao gesto com um sorriso debochado, mostrando a ele o banquinho vazio ao seu lado. Ele, sem graça, devolveu o sinal dizendo que terminaria a bebida e iria até lá, pedindo que ela o esperasse. Então virou todo o conteúdo do copo e desapareceu.

Meia hora se passou até que ele voltasse, ela já esquecida do assunto e fechando a própria conta, se surpreendendo ao vê-lo surgir do seu lado.

— Você já está indo? — ele perguntou. — Sei que eu demorei, mas fica um pouco mais.

— Puxa, me desculpe, mas você demorou muito mesmo. E tudo o que eu quero é chegar em casa — disse ela, com sinceridade.

— E se eu te disser que eu já estava em casa? Estava na porta de casa, mas acabei voltando... — disse ele, baixando o olhar.

— Sério? E por que você voltou? Já sei: porque se perdesse a oportunidade de me conhecer, não dormiria essa noite... — disse ela, gracejando e dando risada.

Ele riu também, agora um riso espontâneo. E foi um sorriso encantador quando ele se mostrou, enfim, mais relaxado.

— Tenho certeza de que não vai acreditar, mas é isso mesmo... Não ia conseguir dormir se eu não voltasse para te conhecer...

De alguma maneira aquilo a tocou. Talvez por curiosidade, pelo jeito que ele falou. Talvez pelo perfume — o mesmo do antigo namorado. Mas acima de tudo, porque ele lhe pareceu ser sincero e incrivelmente romântico.

Poderia ser ele o seu príncipe encantado? Quem sabe um presente de Deus para compensá-la do extremo sacrifício de estar ali, simplesmente por querer o bem de sua amiga? Os dois continuaram conversando. Como ela poderia ir embora, sendo ele tão gentil, inteligente e divertido?

Tinha 35 anos, nove a mais que ela, e se mostrara profundamente admirado com a moça vívida e confiante, aparentemente tão segura de si. Parecia o seu contraponto, pois embora fosse mais velho e formado em engenharia, trabalhava na loja da família e ainda morava com os pais. A impressão que se tinha é que os dois eram partes opostas, num encontro feliz, cheio de bom humor, bem-estar e leveza. Era visível: estavam se divertindo muito, se sentiam encantados um pelo outro. E no modo de ver dela, mística como ela só, aquilo não deveria estar acontecendo à toa.

Quando se despediram, já estava amanhecendo. A amiga entregue em casa, sã e salva, ele a acompanhou até sua porta, já tendo combinado de se verem naquele mesmo dia, no final da tarde. E desde então foram se envolvendo, até o dia em que completaram dois meses de encontros diários.

***

Pelos planos dela, a noite que começava seria romântica, uma comemoração, com tudo para ser perfeita. Por isso, quando entrou no carro, decepcionou-se com a energia pesada. Podia sentir no ar aquele algo que ele tentava, a todo custo, dissimular.

Sentados à mesa do restaurante, antes mesmo de pedirem o jantar, viu que não se tratava apenas de impressão sua o clima antecipado de desconforto. E foi de uma vez que ele colocou para fora o que se mostrou verdadeiramente indigesto:

— A gente vai ter que parar de se ver...

— O quê?! — ela perguntou, chocada. Só podia ter ouvido errado.

— É que estou sentindo uma coisa muito estranha por você... — disse o namorado.

— Como assim? Do que você tá falando? — perguntou ela, preocupada, tentando imaginar o que teria feito de errado.

— Prefiro não falar mais nada, porque amanhã posso mudar de ideia e me arrepender... — respondeu o rapaz, parecendo meio surtado.

— Me diz o que você está sentindo! — insistia ela, já aflita pela forma como ele falava.

— É que eu estou me apaixonando... — ele disse bem baixo, como se fosse um delito.

Agora, sim, ela não sabia se ria ou chorava.

— Que ótimo! Também estou a-pai-xo-na-da! — disse, sorrindo de orelha a orelha, sentindo-se feliz da vida.

— Mas não posso sentir isso, não quero, de jeito nenhum! — respondeu ele, mostrando-se transtornado pelos sentimentos.

Então era sério o que ele dizia! Mas ela não entendia o que estava ouvindo, não acreditava no que estava vendo, não imaginava que algo assim pudesse acontecer.

— Mas qual o problema? Do que você tem medo? — questionou, achando que poderia salvá-lo.

Com um ar de sofredor, ele contou que há dois meses se sentia assombrado por pensar nela a cada minuto, por querê-la tanto assim. E ela perguntava o que havia de errado, já que ele era correspondido. Por que, ao invés de evitar, ele simplesmente não se entregava?

— Porque, de duas uma — argumentou ele. Ou ele a magoaria, ou ela o faria sofrer.

Aquilo era absurdo, não podia ser! Ele tinha tanto medo da dor que já sofria por antecedência! Mas será que ele não enxergava como o encontro deles era raro e promissor? Ela mesma, antes de disso, não tinha se apaixonado e se decepcionado? Por quantas dores já tinha passado? E quando o conheceu, não agradecera aos céus por estar livre e desimpedida, tudo para que pudesse caminhar com ele?

Mas ele se dizia incapaz de lidar com tal sentimento. Já tinha sofrido uma vez, não queria viver tudo novamente. Era impossível prosseguir com a relação. Assim, ele a deixou em casa com o coração partido, pensando em como pode alguém ser capaz de dizer não a uma nova chance de amar e ser amado.

Por causa disso, quando ele telefonou três dias depois, dizendo que não conseguia ficar longe dela, sem pensar o aceitou de volta.

***

Retomado o relacionamento, seguiram juntos por mais dois meses, se falando e se encontrando como qualquer casal apaixonado. Mas para chegar a tanto, foram fazendo acordos bastante curiosos pelo caminho: o primeiro é que não falariam de seus sentimentos, nem assumiriam qualquer compromisso ou título que definisse a relação.

Obviamente, quem propôs o jogo foi ele. Mas ela o encarava como uma espécie de bom combate, tão certa estava de que o amor que nascia, se fosse verdadeiro, acabaria vencendo qualquer batalha.

As regras eram explícitas, e se acumulavam: quando completaram quatro meses juntos, ele a fez concordar que se chegassem aos seis meses se afastariam de qualquer maneira.

— Você está me dando um aviso prévio? — ela perguntou, às gargalhadas. Ela era verdadeiramente inocente, não tinha qualquer noção do perigo. Ele, por sua vez, acabava sempre relaxando e rindo do modo como ela encarava as coisas. Talvez por isso gostasse tanto dela, ela tinha esse poder: suas angústias sumiam feito fumaça diante do olhar absolutamente irreverente da moça, tornando sua vida confusa tão mais simples e leve que até parecia uma festa.

— Que seja assim, então! — concordou ela, achando hilário o novo desafio.

O que ele nem suspeitava é que ela, embora já sofresse demais com a situação, acreditava piamente em milagres. Confiava na força transformadora dos sentimentos, pensava que ele, se gostasse dela de verdade, acabaria vencendo seus medos e assumindo-a por inteiro.

E assim ela se mostrava: segura, audaciosa, sem qualquer reserva em relação ao poço de ansiedades em que ele vivia se afogando, sempre às voltas com ideias repetitivas e manias de todos os tipos. Era mesmo um tanto paranoico, porém inteligente, bondoso e estranhamente divertido, consciente que era da própria situação. Como ela não se importava, e ainda dava risadas de tudo aquilo, o ajudava a também achar graça da péssima impressão que tinha de si mesmo.

Eles de fato se gostavam, se divertiam muito juntos, sempre saindo ou fazendo viagens curtas em diversos fins de semana. E quando ele inúmeras vezes se mostrava um menino, assustado com o escuro, oprimido por fantasias e assombrado por incessantes angústias, ela dissecava amorosamente qualquer questão, o ajudando a exorcizar todo tipo de insegurança, envolvendo algumas vezes até mesmo a fidelidade dela. Pois até nesses momentos ela era a mãe da paciência e a tudo perdoava, já que, apesar de todas as dificuldades, eram os olhos dele que ela enxergava realmente, maravilhados enquanto ele a olhava.

Não havia como negar que ela era a luz da vida dele. E estava disposta a fazer tudo o que pudesse para iluminá-lo.

***

Quando os seis meses se completaram, ele cumpriu rigorosamente o combinado. Afastou-se friamente e, ironicamente, foi um baque pra ela. Não podia entender. Acreditava que ele a amava! Inconformada, ligou depois de quinze dias, pedindo que ele voltasse.

E ele voltou, prontamente, parecendo também feliz e aliviado. Até descobrir que as regras já não seriam aceitas como antes: ela não se calaria mais sobre o que sentia. Só pensava em um futuro com ele, mas logo com ele, que tinha sido enganado e ferido ao descobrir que a ex-noiva o traía, poucos dias antes do casamento? Realmente, era algo difícil de superar, principalmente para um homem.

Quem já não foi ferido, pelo menos uma vez? Ela não havia terminado seu casamento porque se apaixonara por outro, perdidamente, sem querer? Acabou magoando, e sendo duramente magoada mais tarde, se vendo não assumida e sempre traída pelo novo namorado... E mesmo assim não estava ali, entregue, querendo amar de novo?

Havia, porém, uma parte ainda escondida a ser revelada naquele drama, pois o moço era filho de uma família muito rica. E como não encontrava qualidades e valor pessoal em si mesmo, acreditava que ela só queria ficar com ele devido à sua condição privilegiada.

— Meu Deus! — se exasperou ela, pela primeira vez sentindo raiva dele. — Como você pode ser tão tolo e se dar tão pouco valor?

E como pode me julgar tão mal assim? Nunca precisei de nada seu! Nunca te pedi nada! Tenho meu trabalho, uma carreira, ganho dinheiro suficiente e jamais abriria mão de ser independente! Nem mesmo se você me oferecesse uma vida de princesa!

E dessa, vez quem decidiu se afastar definitivamente foi ela. Não queria vê-lo pintado de ouro.

***

Quando ele a procurou, não muito tempo depois, mostrava um abatimento verdadeiro. Se debulhando, disse que a amava, que agora reveria seriamente os seus conceitos. Não pedia apenas desculpas, mas uma nova chance tendo em vista um futuro: pensava até na possibilidade de viverem juntos, quem sabe um dia, mais para frente...

Era tudo o que ela queria ouvir: "viverem juntos". E muito embora ele tenha frisado o "quem sabe", o "um dia", ela se agarrou apenas ao que lhe servia, achando que estavam a caminho de vencerem aquele jogo juntos. Coisa de louco, diriam alguns, mas nada que não fizesse sentido. Afinal, que história de amor grandiosa não tem lá seus percalços e dragões a serem vencidos? Não era beijando o sapo que a princesa encarava o seu príncipe?

Mas depois de quase três anos vivendo sob o peso daquela relação imutável, nunca assumida sequer diante das próprias famílias, ela começou a entender que talvez estivesse tão doente quanto ele.

***

Finalmente, depois de rodarem por toda a cidade quase sem palavras, ele tomou a direção da casa dela para terem a tal conversa.

A essa altura, ela se sentia mais uma vez flutuando, indo e voltando nas lembranças daquele longo tempo juntos. Sabia que estava prestes a reviver uma separação, para que mais uma vez reatassem. Estava esgotada pela própria dor e frustração. E surgindo do nada, fazendo seu corpo gelar, uma voz gritou de maneira nada gentil, em seu ouvido, que o deixasse ir definitivamente: *QUANDO É QUE VOCÊ VAI ACORDAR? ENTENDER QUE NÃO VAI MUDAR NINGUÉM?!*

Aquilo a fez estremecer. O que estava acontecendo? Teria enlouquecido de vez? Estava louca, louca de dor... Só podia ser isso, pois o amava de verdade. O que faria com todo aquele sentimento? *Não quero terminar, não quero perdê-lo, ele gosta de mim! —* argumentava com seus pensamentos, tentando se agarrar a qualquer fio de esperança que fosse.

Assim que desceu do carro, perdeu imediatamente o chão. Não caminhava mais, apenas flutuava. E a voz, gritando, não dava trégua em sua cabeça: *Você não vê que não pode curá-lo? Não percebe que é impossível? Você é louca varrida!!! CINDERELA DO SÉCULO XX... hahaha —* gritos e risadas malucas, realmente assustadoras, saindo de algum lugar da sua mente.

Cambaleando para dentro de casa, em verdadeiro pânico com a própria situação, pediu a ele que passasse aquela noite com ela.

— Já sei que você quer terminar, mas hoje não estou bem. Acho que estou meio maluca, não me deixe sozinha esta noite porque tenho medo de mim...

E talvez porque ela nunca tivesse tentado prendê-lo ou se mostrado daquela maneira, ele nada disse. Apenas a ajudou a se deitar na cama, onde ela imediatamente pareceu desmaiar.

Era madrugada quando acordou, e achou que despertava de um pesadelo. Mas bastou ver o namorado ainda vestido e dormindo a seu lado para que os gritos voltassem imediatamente: *Você tá maluca, ma-lu-ca, ma-lu-ca, ma-lu-ca!!! CINDERELA DO SÉCULO XX... hahaha!* — pânico total e completo. Temia a própria lucidez como se fosse loucura. Apagou novamente, só reabrindo os olhos quando o céu estava claro e o namorado já tinha saído.

O domingo foi de conversas com Deus, ela implorando que Ele a salvasse. Que lhe desse forças para abandonar de vez aquele jogo sem vencedores. Dessa vez estava decidida, não o veria de novo. E foi o que disse a ele, ao longo de toda a semana seguinte, a cada vez que ele ligava insistindo em encontrá-la.

Quando, por fim, ele se convenceu de que estava sendo irrevogavelmente recusado, afastado da vida dela, gritou e ameaçou matá-la se por acaso a visse na rua.

***

A despeito do que andava acontecendo em seu mundo particular, ela trabalhou ainda mais. Como sempre se afundou no trabalho, não somente por não ter outra opção, mas por desconhecer uma válvula de escape melhor para o seu sofrimento. Ela mesma dizia aos amigos que, trabalhando, transformava qualquer tristeza ou frustração em algo mais positivo — no caso, em diplomas e medalhas, prêmios que começava a acumular.

Entregou-se freneticamente à criação da campanha de lançamento do jornal. E não parou por dias seguidos, sempre virando as madrugadas até finalizar o projeto, na noite anterior ao dia da apresentação.

✷✷✷

— Nossa, oito e quinze! — constatou assustada, ao conferir o relógio na cabeceira. — A reunião é às nove e você ainda dormindo?! — se deu um pito, pulando da cama.

Detestava acordar e ter que sair correndo. Seu costume era abrir os olhos mais cedo, sem despertador, e ainda ganhar um tempo deitada organizando os pensamentos, preparando-se para levar bem o dia. Gostava também de se arrumar com calma, escolhendo cuidadosamente a roupa que vestiria. Mas justo hoje, tinha passado da hora e teria que se apressar, sem tempo nem mesmo para um simples café.

Tomou banho em dois minutos e se vestiu voando, pois não iria se atrasar de jeito nenhum. Como apenas dez minutos de carro a separavam da agência, eram nove e cinco quando entrou apressada pela porta.

— Bom-diaaaaaaaa...

E lá foi ela cruzando a recepção, perguntando se já alguém já esperava na sala de reuniões. Logo soube que era a primeira a chegar; diminuiu o passo e parou na cozinha, feliz por poder tomar um café e fumar um cigarro.

Quando entrou, já encontrou a secretária da diretoria com um café numa mão e a outra lhe oferecendo um pedaço de bolo.

— Já tem diretor na área? — foi logo perguntando.

— Imagina se tem... E duvido que essa reunião comece antes das dez... Quer apostar? — Mal ouviu isso, tocou o interfone: era a recepcionista, que acabara de receber um telefonema avisando que o pessoal do jornal se atrasaria.

— Viu? Não te falei? — se gabou a secretária.

— Você é uma bruxa mesmo! — respondeu a redatora, dando risada. — Aproveita e olha aí, na sua bola de cristal, se eles vão aprovar a campanha...

Caminhando com um copo de café na mão e um cigarro aceso na outra, foi rapidamente descendo os dois lances de escada que a levavam à sala da criação. E só quando tropeçou num degrau, quase sujando a roupa branca, deu-se conta do quanto estava ansiosa por aquela reunião. Respirou fundo, procurando se acalmar, acariciando com os olhos a imensa pasta preta pousada na mesa do diretor de criação, fechada já bem tarde na noite anterior. Lá estava o precioso material, meticulosamente preparado para a importante apresentação.

A campanha tinha sido essencialmente criada por ela, mas não sem ter que passar por provocações gratuitas e acintosas do diretor de planejamento. E se agora já não lhe restavam dúvidas de que sofria resistência ou preconceito por parte dele, não estava bem certa se era pelo fato de ser muito jovem ou, naquela época, uma das raras mulheres trabalhando em criação. Talvez fosse pelas duas coisas, agravadas pela escandalosa história de amor que protagonizara até quatro anos antes: pintada com as tintas de um estigma, que parecia mesmo ter se tornado um apêndice inseparável do seu currículo.

Mas ela agora não pensaria em nada disso; queria apenas fechar os olhos e agradecer a Deus. Afinal, só Ele, além dela mesma, podia mensurar o terror pessoal que vinha enfrentando nos últimos tempos.

Sentada na quietude da sala ainda vazia, pouco a pouco foi se deixando preencher pela paz de quem se sabia quite com as suas obrigações. Rezava agradecida, reconhecendo que sua força e feliz inspiração só podiam mesmo ter vindo de uma fonte divina.

Sentia-se como sempre protegida pelos céus, inquestionavelmente abençoada, pois a despeito de todas as circunstâncias, tinha se mostrado profissionalmente impecável. Tinha se superado dessa vez, pois acabara desenvolvendo sozinha uma campanha revolucionária para a época, com conceitos e textos tão simples e criativos que beiravam o genial. Chegou ao ponto de arrancar um elogio do próprio diretor de planejamento — ainda que com o tom sarcástico que sempre usava quando se dirigia a ela.

— Parabéns! — dissera ele. — Você está melhorando...

Talvez o que ele sentia fosse a mais pura inveja, mas agora já não importava mais. Logo depois de agradecer a Deus, pediu a Ele que lhe abrisse outras portas e renovasse seu caminho: queria muito a oportunidade de um novo emprego.

Há quase seis anos trabalhava naquela agência — desde que fora contratada como redatora júnior, quase um ano antes de se formar. E como era um mercado de grande rotatividade, já tinha visto muitos redatores e diretores de arte entrando e saindo, não poucos entre eles enrolando bastante. Todos ganhando bem mais do que ela, fato que nunca a impedira de trabalhar como se duas fosse, principalmente nos momentos difíceis que a agência atravessara dois anos antes, enquanto consolidava efetivamente o sucesso e sua posição entre as melhores da cidade.

Era mesmo hora de sair, ela sabia. Mas que agência iria convidá-la, tendo ela o estigma que tinha?!

***

Eram nove e meia quando a sala da criação começou a ferver com a chegada dos ocupantes retardatários. E já passava das dez quando foram convocados para a sala de reuniões. Quando ela abriu a porta e viu a imensa mesa de reuniões parecendo pequena para tanta gente, sentiu um frio percorrer-lhe a espinha e as próprias bochechas se avermelhando.

Foram muitas as conversas preliminares, quase meia hora até que a apresentação começasse, com um simpático e sorridente diretor de planejamento conduzindo os trabalhos. Com a pasta preta aberta à sua frente e as pranchetas do lado de fora, ainda viradas, todos os presentes aguardavam ansiosamente pelo momento em que seriam reveladas.

— Bom, gente, a nossa ideia, no primeiro momento, é despertar a curiosidade do público através da emoção... — ia o homem dizendo.

A nossa?! Nossa ideia?! — gritava ela em pensamento, sem mexer um só músculo do rosto. Tinha também a visão periférica do diretor de criação que, sem disfarçar, se mostrava orgulhoso e totalmente à vontade sentado à cabeceira da mesa. *Dá até vontade de rir...* — continuava pensando, já imaginando se a internariam se começasse a gargalhar.

Era neste ponto que ela estava. Quase explodindo. E embora soubesse que " nosso" era a terminologia adequada ao ambiente corporativo, queria se permitir pensar assim, nem que fosse por cinco minutos: como se o ignorasse. Pelo menos até destilar um pouco da revolta que sentia, que semana desgastante! E agora o trabalho solitário dos últimos dias transformado em mérito comum... Já que, cada vez mais ocupado puxando o saco do outro, o diretor de criação só se empenhara na hora de marcar lindamente os layouts, depois de receber tudo pensado, planejado e mastigado por ela.

Do diretor de planejamento, então, ela sempre sabia o que esperar, a mesma frase, sempre dita numa fala mole e arrastada, repetida a cada vez que ela lhe apresentava uma ideia nova:

— É por aí, mas pode melhorar... Pense em como o Washington Olivetto resolveria isso...

Afinal, quem ele pensava que era? O Francisco Gracioso, o Júlio Ribeiro?! Hahaha, só podia ser piada mesmo! E como será que o Washington Olivetto mandaria, criativamente, aquele pretensioso à merda? — ela elucubrava.

Mas agora, podia rir por dentro de verdade, vendo a campanha ser totalmente aprovada pelo cliente, peça por peça, quase sob aplausos, segundo os presentes mais do que esperavam. Tudo perfeito e irretocável, não precisariam mudar uma vírgula. Com todas as ideias e textos aprovados, ela foi liberada, pois passariam a falar de mídia e custos de produção.

***

Era perto de meio-dia quando ela passou da sala de reuniões direto para a do presidente. Este havia dito, na última reunião interna, que sua porta estaria sempre aberta para quem precisasse dele. Que estaria pronto para escutar e ajudar como se fosse um terapeuta.

Após anunciar sua presença, e ouvir o "pode entrar" abafado do outro lado da porta, ela a empurrou e o encontrou sentado, com os pés sobre a mesa, lendo tranquilamente uma revista. Imediatamente, tentou gracejar e sorrir, tudo para diminuir a própria tensão:

— O consultório já está aberto?

Endireitando o corpo na cadeira, ele sorriu. E fazendo um gesto para que ela se sentasse, respondeu, amaciando a voz naturalmente grossa:

— Para você sempre vai estar...

Bastou ele usar esse tom de carinho para que ela se descontrolasse. Ainda tentou brincar com as lágrimas, que já escorriam grossas pelo rosto:

— Terapia dá direito a choro, não dá?

— Mesmo que não desse, você tem direito a tudo — respondeu ele, repleto de cuidados. No mesmo instante, se levantou para trancar a porta e impedir que alguém mais entrasse e a encontrasse chorando. Mostrando-se interessado, abandonou a própria cadeira de espaldar alto para se sentar ao lado dela. E de uma forma íntima, bem mais acolhedora do que dispensaria a qualquer outra pessoa, ofereceu a caixa de lenços, sempre disponível sobre sua mesa.

— Desculpe! — ela foi dizendo, tentando inutilmente estancar o pranto que não parava de rolar. — É que ando muito nervosa...

— Não tenha pressa — respondeu ele. — Você tem todo o tempo do mundo...

— Pra te dizer a verdade eu nem sei direito o que te dizer... ou como dizer...

— Que tal começar do princípio? Comece pela razão de estar tão nervosa! — o patrão sugeriu.

— Você tem acompanhado o meu trabalho? — perguntou ela, à queima-roupa.

— Tenho, na medida do possível, você sabe... Precisei me distanciar para me dedicar mais à filial...

— Então me diz o que você acha, sinceramente, do trabalho que tenho feito — insistiu a redatora, começando a deixá-lo um pouco impaciente.

— Seu trabalho é excelente, se não fosse você não estaria aqui! — E amaciando novamente a voz, aconselhou: — Você precisa vencer essa insegurança, isso te atrapalha demais...

Não era só insegurança. Havia o desejo de ser tratada com maior respeito, ter mais reconhecimento. Não tinha coragem, porém, de ser clara quanto a isso, com medo de que a julgassem pretensiosa.

— Não sei se é insegurança o que me atrapalha tanto, acho até que ela me impulsiona a tentar fazer sempre melhor...

— Qual é o problema, então? — insistiu ele, sem poder imaginar o que ela experimentava interiormente, não sabendo sequer se deveria ou não contar o que acontecia na ausência dele.

Tentando achar um bom fio para a meada, ela começou por uma retrospectiva, procurando um início que fizesse sentido para o fim que a levara até aquele momento.

— Olha, eu trabalho aqui há quase seis anos...

— Nossa! Tudo isso, já?! — ele a interrompeu, pego com espanto pela própria distração.

— Pois, é... E agora estou começando a achar que estou ficando para trás... — Finalmente, começava a dizer o que sentia. Mas logo viu que o havia desconcertado, não só pela forma abrupta como ele se levantou, mas porque voltara para a própria cadeira, do outro lado da mesa.

— Pode continuar... — ele olhava fixamente para ela, a testa toda franzida.

— Se lembra quando, há três meses, você me perguntou o que eu achava de ter o meu parceiro como diretor de criação? Ainda se recorda do que eu te disse? — ela perguntou, mesmo antevendo que não seria bom se queixar das atitudes dos dois diretores. Tinha certeza de que, se contasse o que andava acontecendo, o patrão tenderia a achar que era apenas uma impressão, causada pela insegurança dela. Ou pior: poderia tomar suas dores, o que geraria conflitos ainda maiores e todo tipo de fofocas, devido à proximidade e ao alto grau de confiança que gozava junto a ele.

— Olha, fui totalmente sincera quando festejei sua decisão: é um diretor de arte maravilhoso e eu sempre gostei demais dele, você sabe... Mas lá no fundo, bem no fundo, tenho me perguntado, por que ele e não eu? Afinal, somos uma dupla. Se ele faz um bom trabalho, é também graças a mim...

Remexendo-se na cadeira, o presidente mostrava com clareza seu desconforto. E pela maneira como a fitava, parecia não estar gostando nada do que ouvia. Por isso, ficou calado, esperando que ela terminasse.

— Sabe, estou me sentido desvalorizada, e essa pergunta não me sai da cabeça: por que ele e não eu? — Assim que repetiu isso, ela sentiu o quanto devia parecer tola e pretensiosa, tudo porque lhe faltava coragem para contar o real motivo de estar ali. Queria poder desabafar, contar quem de verdade ralava na criação, além de denunciar a forma pouco respeitosa com que vinha sendo tratada. Queria ter a coragem de concluir, em voz alta, que o outro não era mais competente, experiente ou talhado para o cargo do que ela mesma.

— Não precisa dizer mais nada, eu entendo seus sentimentos — disse ele relaxando, recostando-se confortavelmente na cadeira. — Te conheço muito bem, sei do amor que você tem pela agência. Mas você precisa entender que, apesar de estarmos criando ótimas campanhas, temos pecado na produção. A escolha de um diretor de criação tem na verdade a ver com isso, porque você não entende de produção gráfica o suficiente para assumir essa responsabilidade.

— Concordo — ela respondeu com sinceridade, achando mesmo uma grande falha de sua parte.

— Além do mais — prosseguiu ele — temos um ótimo estúdio... Tenho certeza de que é o melhor do mercado! São profissionais excelentes, mas que às vezes dão trabalho. É preciso ter pulso forte para controlar os rapazes, e você é uma mulher. E muito jovem ainda. O que sugiro é que aprenda tudo o que puder sobre produção gráfica, mas também que perca essa insegurança, comece a se impor mais e a brigar por suas ideias, seja com quem for.

Isso também era verdade! Afinal, não era exatamente o que estava acontecendo naquele exato momento? Sim. Para fugir dos embates e de situações tensas, ela muitas vezes deixava de lado suas verdadeiras opiniões.

— Está bem, obrigada. Acho que você está certo e vou seguir seus conselhos — disse ela, se levantando para sair.

— Sem dúvida você merece reconhecimento, e o tem, pode apostar!

— Obrigada de novo, e me perdoe por vir aqui chorar...

Já estava de costas, destrancando a porta, quando o patrão pareceu adivinhar-lhe os pensamentos sobre deixar a empresa. E embora julgasse que o que diria a seguir soaria como um elogio, acabou atingindo sua funcionária com uma bofetada:

— Antigamente, você não recebia convites de outras agências porque tinha um caso comigo. Agora, não recebe porque todo mundo sabe que eu não abro mão de uma profissional como você.

Sem respirar, nem dizer mais uma única palavra, ela saiu pela porta com perguntas piores do que qualquer resposta: *Um caso? UM CASO? Como ele pode definir assim aquilo tudo que a gente viveu?!*

***

Ela tinha acabado de completar 22 anos quando foi trabalhar na agência dele como redatora júnior, quatro meses após ter se casado. A incrível oportunidade profissional surgira de forma inesperada, tanto quanto as outras em sua vida, pois embora ainda cursasse o sexto período de Comunicação Social, há quase dois anos trabalhava como estagiária na assessoria de comunicação de uma importante multinacional, levada pelas mãos do professor quando iniciava o terceiro período da faculdade. Foi convidada diante de toda a turma, pegando a todos de surpresa, principalmente a ela mesma, quando ouviu os critérios e a razão de ter sido escolhida.

— É a única da turma que já fez estágios antes, três, inclusive: numa pequena agência, numa produtora de áudio e o terceiro numa produtora de filmes — relatou ele, consultando o questionário que tinha distribuído aos alunos no primeiro dia de aula com a intenção de conhecer melhor cada um.

— Mas o estágio só é obrigatório no final do curso! — disse alguém.

— E ninguém dá estágio antes de a gente chegar ao sexto período! — argumentou outro colega, sentindo-se injustiçado.

— Por favor, moça, conte para nós como você conseguiu os estágios — pediu o professor.

— Bem... No primeiro período, pouco depois de começarem as aulas, me decepcionei bastante, não era o que eu esperava. Achava que tinha teoria demais e nenhuma prática. Então pensei em abandonar o curso e tentar outro vestibular. Mas antes resolvi procurar algumas agências para pedir um estágio, mesmo não remunerado, só pra ver como era o trabalho e como me sentiria. E acabou que ninguém me disse não! Consegui entrar na primeira agência que procurei, estagiei na criação e vi que era isso mesmo o que eu queria... E foi lá mesmo, dentro dessa agência, que conheci as pessoas e empresas que me deram os estágios seguintes...

— Entenderam agora? Acreditar no seu sonho e ir atrás dele, é o que faz toda a diferença — disse o professor, encerrando a aula do dia.

Aquilo foi o máximo: um bálsamo, para o que sempre lhe apontaram como sendo um de seus grandes defeitos. Pela primeira vez na vida, podia vislumbrar a própria inquietação como algo realmente bom — quase especial — e inquestionavelmente produtivo.

***

Há um ano ela estagiava na multinacional, fabricante de automóveis. Sentia-se não apenas bem adaptada, mas muito bem cotada junto à direção da empresa, que pretendia renovar seu estágio pela terceira vez. Porém, mesmo adorando o professor, o lugar e as pessoas que a cercavam, queria sair logo dali para trabalhar como redatora em uma agência.

Sonhava ser uma grande criadora, coisa para a qual já mostrava algum talento, nos textos institucionais que escrevia para a multinacional e nos crescentes *freelancers* que fazia, atendendo clientes diretos da produtora de cinema onde tinha estagiado. Graças à indicação do dono dessa produtora, ela acabou recebendo o telefonema da gerente de operações de uma bem conceituada agência. Após se identificar rapidamente, esta foi logo explicando a razão do telefonema:

— Precisamos de um redator para criar a campanha de uma nova concessionária. Temos que apresentar comercial de TV, rádio, anúncio para jornal, outdoor e mala direta, e o prazo é "pra ontem". Se você topar, vai ter que trabalhar bem rápido.

— Eu topo — respondeu ela na mesma hora, com o coração batendo na boca.

Disse sim sem saber sequer o prazo ou quanto lhe pagariam, mas imediatamente foi avisada do valor, que segundo a outra era o preço de tabela do sindicato.

— Está ótimo — respondeu, com um sorriso de orelha a orelha.

— Vou mandar o motoboy levar o *briefing* para você nesse minuto. Leia assim que receber e se tiver alguma dúvida, me ligue logo, porque sua parte tem que estar pronta até amanhã no final do dia. Se não tiver dúvidas, me avise assim que estiver com a campanha pronta.

Assim que desligou o telefone, ela voou para a sala do querido professor, agora seu grande amigo e confidente:

— Você não vai acreditar! — Era como uma criança em dia de Natal, só faltava dar piruetas de alegria. Mas quando começou a contar o que estava acontecendo, a ficha foi caindo e ela se viu tomada pelo pânico: — Meu Deus, eu sou louca!

— Louca por que, polaquinha?

— Caramba! E se eu não conseguir? Pensa bem, até hoje só fiz coisas pequenas... e essa é uma campanha de verdade, sem prazo para pensar! E se eu me sair mal, se eles não gostarem? Vou queimar meu filme...

— Pare de bobagem, você vai conseguir! — dizia o professor às gargalhadas, tentando acalmá-la com um abraço.

Minutos depois foi chamada à recepção e recebeu o envelope da agência, se sentindo mais importante do que medrosa. Avidamente, leu um *briefing* tão bem feito que não sentiu falta de qualquer informação.

Apoiada pelo professor, saiu meia hora mais cedo, ganhando um tempo precioso para chegar em casa sem pegar trânsito. De forma alguma iria à aula naquela noite, pois seu plano era aproveitar que o marido estaria na faculdade para trabalhar tranquila.

***

Mal entrou, sentou-se à mesa de jantar e releu o *briefing*, dissecando letra por letra. Segundo o contato que atendia a conta, a campanha deveria retratar uma concessionária moderna, com excelente atendimento e serviços de oficina, tratando esses aspectos como seus grandes diferenciais. A ideia deveria ser aprovada também pela diretoria da indústria fabricante dos automóveis, no caso, uma forte concorrente da multinacional onde ela estagiava, bastante cuidadosa com a qualidade de sua comunicação.

Quando o marido voltou da faculdade, passava das onze da noite. O tempo parecia ter voado e ela não tinha nem uma ideia interessante no monte de papéis rabiscados.

— Não foi à aula? — perguntou ele.

— Não, apareceu um *freela* para uma agência grande. E sem querer se estender, contou resumidamente a história.

— Legal, fica tranquila. Você vai conseguir — disse ele com um sorriso, já entrando no banheiro.

Sentiu pena dele ouvindo-o suspirar no chuveiro, visivelmente cansado após um dia inteiro de trabalho e das aulas noturnas no curso de engenharia. Então se levantou e foi para a cozinha, esquentar o jantar que tinha preparado de manhã, antes de sair para o estágio.

Ainda não podiam ter uma empregada fixa, e ela não aceitava ajuda dos pais: há quatro meses trabalhava, estudava, cozinhava e só não cuidava da faxina pesada e das roupas, trabalho feito pela diarista uma vez por semana. Odiava as tarefas de dona de casa. Por isso, além de desejar ser uma redatora de sucesso, desejava um bom salário para pagar alguém que cuidasse da rotina doméstica.

***

À meia-noite o marido já tinha jantado e dormia no quarto. Ela, na sala, voltou aos papéis, alguns rabiscados com grandes besteiras, outros em branco e inquisidores, cobrando soluções inteligentes, e bem rápido.

Talvez tivesse se superestimado ao aceitar o desafio. Já eram três da manhã, e zero de ideias. Parecia ser o seu fim, antes mesmo do começo. Com que cara ela ligaria dizendo não ter dado conta? Como iria contar que tinham perdido seu precioso tempo entregando a campanha a uma incompetente? Queimaria feiamente seu filme, assim como o da produtora que a tinha indicado.

Não teria como fazer isso, eles tinham confiado na sua capacidade. Então começou a rezar pedindo ajuda, e a essa altura já nem pensava mais em algo brilhante:

— Por favor, meu Deus, me ajuda! Não precisa ser nada genial, mas alguma ideia apresentável...

Eram quatro e vinte quando o quebra-cabeça começou a se montar em sua mente, as ideias se encaixando com os desafios do cliente: o objetivo da comunicação era criar um forte interesse do público, anunciando que a nova concessionária chegaria para trazer um atendimento nunca visto na cidade. Mas a loja ainda estava em obras, não tinha nem um cenário para mostrar!

— Como posso mostrar um bom atendimento em uma loja que ainda não existe? — se inquiria ela.

— ...

— ...

— ...

— Ops!!! — Finalmente, ela enxergou a luz...

A ideia era criar um comercial bem-humorado, no qual alguns

atores representariam papéis de funcionários simpáticos e de bom humor, como se "ensaiassem" o atendimento que seria dado aos futuros clientes da concessionária.

A câmera estaria sob o ponto de vista do telespectador e o vídeo começava como se quem assistisse estivesse sendo recebido por uma "recepcionista" alegre e simpática, com um enorme sorriso no rosto. Então, um "vendedor" solícito entraria em quadro, cumprimentan-do alegremente o telespectador. A câmera o seguiria por um espaço vazio até encontrar um carro imaginário, cujas portas o vendedor "abriria", convidando o "cliente" a entrar. Ao fundo, uma copeira devidamente trajada estaria servindo um café a clientes que só ela via, tão invisíveis quanto a bandeja que simularia ter nas mãos.

A assinatura seria feita com um "mecânico" lustrando o ar com uma flanela, como se fosse a lataria de um carro, de onde surgiria a logomarca da empresa. Enquanto essas cenas fossem sendo mostradas, a locução diria que a mais nova concessionária da cidade abriria suas portas em breve, trazendo os melhores serviços e muita imaginação para atender aos clientes mais exigentes.

**

Levou uma hora para desenvolver o roteiro para TV e às seis e meia da manhã organizava os papéis, que incluíam, sem deixar nada para trás, um comercial de rádio, anúncio de jornal, outdoor e mala direta.

Quando o marido se levantou, assustado por não encontrá-la na cama, já a encontrou na cozinha preparando o café. Ela o recebeu ao som de um cantarolado bom-dia mostrando também um sorriso iluminado, capaz de apagar qualquer traço de cansaço pela noite virada. Animada, logo começou a contar como tinha criado a campanha.

— Legal! — respondeu ele, acabando de engolir o café, certamente sem entender o que ela dizia, e correndo para o banho, pois às oito em ponto bateria seu cartão.

Passava pouco das nove quando ela ligou para a agência, avisando que a campanha estava pronta.

— Que ótimo! Dá pra você vir agora? — perguntou a gerente de operações.

— Sem problemas, chego aí em uma hora.

Entrou no banho toda animada, mas ao sair já estava insegura e sem confiar na ideia. Agora não tinha mais jeito. A única coisa a fazer era tentar encontrar a roupa mais séria que tivesse no armário, entre tantas que pareciam meio *hippies* ou pouco convenientes. Também achou prudente prender os cabelos longos e revoltos, para passar uma imagem mais madura e respeitável do que os vinte e dois anos recém-completados poderiam sugerir.

***

Enquanto avançava timidamente pela recepção da agência, sentia o coração palpitar.

E se eles não gostarem? — já tinha se perguntado mil vezes pelo caminho, pensando se não seria melhor desistir ali mesmo e pagar o mico de uma vez. Porém, a recepcionista já anunciava sua chegada e logo a gerente se apresentou, pedindo que a seguisse até a sala de reuniões. Bastou a mulher empurrar a porta, ao fundo de um longo corredor, para que a redatora visse o próprio nervosismo ser elevado ao cubo. Afinal, não imaginava que mais três pessoas a aguardassem: um redator e dois diretores de arte.

Após rápidas apresentações, a gerente deu início à reunião:

— E então? Vamos ver a campanha?

Sem saber direito por onde começar, ou como apresentar os conceitos desenvolvidos, ao invés de falar sobre suas ideias simplesmente entregou os papéis à mulher. Esta, na medida em que os lia, ia passando para os outros sem nada dizer.

No silêncio da sala, a redatora imaginava se mais alguém ali poderia escutar seu coração, batendo alto e descompassado. Ao mesmo tempo, tentava ler as expressões e encontrar no ambiente qualquer reação favorável a seu trabalho. Mas todos se mostravam impassíveis, as respostas que buscava pareciam tão invisíveis quanto a loja de seu roteiro.

Quando o redator acabou de ler os textos e acendeu um cigarro, ela não teve dúvidas em acompanhá-lo. Acendeu o seu percebendo que as mãos suavam e tremiam, como as de alguém à espera de um julgamento de vida ou morte.

Depois de duas tragadas, todos tinham terminado de ler. Se entreolhavam sem nada dizer, esperando que um deles tomasse a iniciativa do veredicto. E foi novamente a mulher quem tomou a palavra, quebrando o longo silêncio que poria fim à sua agonia:

— E aí, o que vocês acharam?

— Eu gostei! — disse um dos diretores de arte.

— Também achei bem legal... — disse o outro.

— A ideia é boa. Tem que dar umas mexidas no texto, enxugar um pouco, mas acho que está bacana — se posicionou o redator.

Finalmente ela respirou aliviada, sentindo-se imensamente agradecida a todos. Mas antes que pudesse relaxar de vez, um homem alto, moreno e de aparência impecável entrou na sala. Andava rápido e sua voz parecia um trovão:

— Bom-dia pra todos!

Novamente a redatora foi apresentada, e soube imediatamente que estava diante do dono da agência, a quem cabia também o atendimento daquela nova conta.

— E aí? O que vocês acharam da campanha da moça? — foi logo perguntando.

Respondendo que todos tinham gostado, a gerente lhe passou as folhas e um novo silêncio se fez.

Dessa vez o tempo passou mais rápido, a profunda agonia já havia se dissipado. Ela estava bem mais tranquila quando ouviu a voz grossa se fazer ouvir com evidente entusiasmo:

— Muito bom! É um ótimo trabalho! Você está de parabéns... Mas temos um pequeno problema: o cliente é muito tradicional e não vai aprovar esse tom moderno e brincalhão. É bom pensarmos em algo mais convencional... Acho que o melhor caminho é usar uma atriz falando um bom texto — arrematou ele, sem rodeios, já se levantando. E do mesmo jeito que entrou, saiu: rapidamente. Mas não sem antes se despedir delicadamente, dando um beijo na mão que a moça lhe estendeu para um aperto.

— Ele conhece bem o cliente, sabe o que está dizendo — disse a mulher. — Crie um roteiro do jeito que ele disse e o problema estará resolvido. Você pode fazer isso até o final da tarde?

— Claro, posso sim. — respondeu ela, com todos já se levantando.

E com esse novo compromisso seguiu para a saída, a gerente a acompanhando até a porta e pedindo que ligasse novamente, assim que estivesse pronta para voltar.

Quando entrou no carro, se vendo finalmente à vontade, manteve a janela fechada até colocar para fora toda a sua alegria. Sozinha, dava gritos de excitação, comemorando, ao mesmo tempo em que chorava emocionada. Só depois de rezar e agradecer a Deus por sua vitória, deu partida no motor e rumou direto para a casa da mãe, a um quarteirão de distância. Lá contaria a novidade pessoalmente, almoçaria e telefonaria para o professor, pedindo dispensa naquela tarde. Em seu antigo quarto, poderia trabalhar em paz na campanha e entregar tudo no final do dia conforme o combinado.

Mal entrou, telefonou para o marido. Pediu que ele almoçasse em um restaurante, pois não poderia ir ao estágio nem cozinhar naquele dia.

— Tudo bem — disse ele, notoriamente contrariado. E desligou, sem sequer lhe dar os parabéns.

***

Eram cinco horas da tarde quando ela ligou para a gerente de operações. Em dez minutos, estava lá entregando a nova campanha, dessa vez recebida e imediatamente aprovada apenas por ela. Faltaria apenas a palavra final do presidente, que no momento estava fora, visitando um cliente. Não era uma campanha criativa — o que frustrava um pouco a redatora —, mas correta, expressamente de acordo com o pedido.

Ao sair da agência, foi imediatamente para casa, faltando novamente à faculdade, porém sem qualquer peso na consciência. Assim que chegou tomou um banho quente e prolongado, que a ajudou a dormir o sono dos justos.

***

No dia seguinte, acordou ainda mais cedo do que de costume, empolgada para contar os resultados de sua empreitada ao professor. Não via a hora de chegar a tarde e ir para o estágio, mas a manhã parecia se arrastar. Ainda estava pelo meio quando o telefone tocou.

Com as mãos lambuzadas de cebola atendeu o telefonema, que lhe tirou a já insignificante concentração nas tarefas domésticas. Era a gerente da agência, perguntando se poderia atendê-los em um novo anúncio, se possível passando por lá naquela mesma tarde. Guardando intimamente sua alegria e enorme surpresa, a contragosto marcou o encontro para o dia seguinte, pois não poderia deixar o marido novamente sem almoço nem largar o professor na mão.

Dessa vez, totalmente relaxada, começou a observar tudo e todos com mais atenção. Foi levada pela primeira vez ao andar de baixo da agência: se espantou por morar na vizinhança desde criança e jamais ter percebido que aquela casa era tão grande interiormente, com tantas salas e acolhendo aquele monte de gente.

A gerente ia lhe apresentando cada canto da empresa, identificando os departamentos e os profissionais responsáveis, sempre se referindo a ela como "a redatora". Sem atinar com a razão de estar sendo introduzida daquela maneira, ela olhava e sorria para todos com total deslumbramento.

Era uma agência dos sonhos, inquestionavelmente grande e agitada, devia ser mesmo o máximo trabalhar ali! Pensava nisso quando atravessou o corredor longo e largo que levava a um andar mais abaixo, até que alcançou um pátio completamente cimentado que abrigava, curiosamente, uma antiga e frondosa jabuticabeira, além de três salas — duas delas fechadas — e mais outra, bem espaçosa, onde funcionava um estúdio fotográfico. E foi ali, de pé mesmo, que a gerente de operações começou a explicar quais eram os planos da agência para a jovem redatora.

— Parabéns! — começou dizendo a agradável anfitriã. — Você resolveu muito bem os trabalhos e cumpriu rigorosamente os prazos...

— Obrigada! — ela respondeu, com timidez. — Eu é que tenho que agradecer demais a confiança que vocês tiveram em mim... — E já ansiosa, querendo saber se o prazo do próximo serviço seria tão apertado quanto o do primeiro, foi logo sapecando sua pergunta. Afinal, estagiava à tarde e não poderia matar tantas aulas seguidas.

Simpática e quase tão jovem quanto ela, a gerente riu alto, perguntando se ela tinha ficado traumatizada.

— Ainda não... — respondeu a redatora, no mesmo tom relaxado, se divertindo e rindo também. — E mesmo que o prazo seja curto, tô dentro! — arrematou, começando a se sentir bem à vontade com a outra.

— Bom, vamos então direto ao assunto. Não te chamei pra fazer outro *freela*. O que nós temos é uma vaga... Quer vir trabalhar como redatora júnior e ocupar essa sala que está fechada? Estamos com uma dupla desfalcada, e se você quiser, o lugar é seu...

Não seria exagero afirmar que se a redatora fosse mais íntima da mulher, pelo menos um pouquinho, com certeza teria pulado sobre ela, a beijado e abraçado muito.

— É claro que eu quero! — respondeu na mesma hora, sem tentar esconder a plena felicidade.

— E quanto você quer ganhar? — pergunta que a pegou tão de surpresa quanto o convite.

— Não tenho a menor ideia... — foi dizendo inocentemente, já abrindo a boca para contar quanto recebia pelo estágio. Mas antes que o fizesse, a mulher se adiantou fazendo uma proposta objetiva. Era umas cinco vezes o que ganhava na multinacional.

Depois daquilo, a redatora até poderia ter saído agarrada, dançando com a gerente de operações. Mas tinha que se comportar e dissimular a reação infantil de quem acabava de receber o presente tão sonhado.

Os primeiros dos muitos dias de sua vida

O primeiro dia na agência foi inesquecível. Afinal, entre mortos e feridos, salvaram-se todos. Para começar, disseram a ela que o horário de chegada era às oito e meia. E pontual como sempre, não encontrou ninguém por lá, além da recepcionista e da faxineira. Permaneceu sentada na recepção por quarenta e cinco minutos, tempo suficiente para ver uma multidão de gente chegando, ninguém que a acompanhasse até a sala de criação, função que coube novamente à gerente, assim que esta entrou esbaforida pela porta.

— Bom-dia, está esperando há muito tempo?

— Um pouquinho — respondeu ela desconcertada, imaginando se deveria ter tomado a iniciativa de descer sozinha.

— Então vem comigo — disse a outra, apressada, com a redatora a seguindo prontamente.

Refizeram todo o caminho do dia anterior escadaria abaixo, a maioria das pessoas já em plena atividade. Durante o trajeto a mulher falava sem intervalo, explicando aos borbotões que sempre teriam uma reunião semanal na sala de reuniões, agendada para as segundas-feiras a partir das nove e meia. Ali costumavam discutir os trabalhos e problemas ocorridos na semana anterior, além da pauta da semana que entrava.

Após essa breve introdução, a gerente saiu correndo para organizar as planilhas para a reunião, dizendo que a encontraria lá em cima em dez minutos.

Sozinha na sala da criação, começou a fazer o reconhecimento do lugar, um espaço grande e na verdade bastante feio, semelhante a um corredor, mobiliado com duas pranchetas e duas mesas equipadas com máquinas de escrever dividindo o ambiente. Havia também uma mesinha de canto, onde a redatora encontrou uma robusta e convidativa garrafa térmica cercada de copinhos de papel. Porém, pouco à vontade para ir avançando no café, desviou seus olhos para as prateleiras suspensas que iam de um canto a outro das quatro paredes. Eram tantos volumes disputando sua atenção que imaginou quantos dias levaria para ler ao menos os títulos daqueles livros, anuários e revistas especializados em design e propaganda.

— Bom-dia, seja muito bem vinda! — era um dos diretores de arte que a saudava, e que, conforme soube em seguida, formaria a nova dupla de criação com ela.

— Bom-dia, muito obrigada!

— E aí, animada para fazer dupla comigo? — perguntou o homem, ajudando a quebrar o gelo.

— Animadíssima... — ela respondeu sorrindo, pensando que deveriam subir imediatamente para a reunião que devia estar começando.

Já ele, ao contrário, parecia não ter pressa alguma, porque apesar do avançado da hora serviu um café para os dois, puxou uma cadeira e se sentou.

— Você já trabalhou em agência antes? — perguntou ele, logo após o primeiro gole.

— Na verdade, não. Só fiz estágio em uma agência bem pequena, em meio horário. — respondeu a moça, logo depois de provar seu café, queimar a boca e manter-se impassível, como quem olha a paisagem.

Comprovando agora o quanto ela era inexperiente para lidar

com o ritmo frenético que encontraria como rotina dali para frente, ele a alertou, delicadamente, que se preparasse para dar conta do lugar.

— Escuta bem o que eu vou te dizer: trabalhar aqui não é mole. O ritmo é muito puxado, são muitas contas para atender e é tudo pra ontem. Mas se você precisar de alguma coisa, ou sentir muita dificuldade, sou paciente e você pode contar comigo.

De alguma forma ela sentiu um tom de desabafo. Mas ele, certamente, era gentil e seu oferecimento sincero, o que ela acabou comprovando diariamente durante os dois meses em que trabalharam juntos, durante os quais ele teve mesmo bastante respeito e paciência com ela, vendo-a se descabelar naquele começo.

***

— Bom-dia para todos! — disse o dono da agência, entrando na sala e se sentando na cabeceira da imensa mesa de reuniões, rodeado por todos os diretores e chefes de departamentos, além das duas duplas de criação.

— Antes de começar os trabalhos, quero dar as boas-vindas às duas novas contratadas que reforçam nossa equipe e que, certamente, contarão com o apoio de todos. Então desejo muito sucesso à responsável pela implantação do departamento de pesquisa e clipping da agência... e também à nossa nova redatora, que como todos podem ver é bem novinha mesmo!!!

Ouvindo o gracejo e as risadas que se seguiram, somados aos inúmeros pares de olhos que longamente a fitavam, ela foi ficando absurdamente vermelha, o que gerou ainda mais comentários. Sempre tinha sido assim: bastava se sentir apenas um pouco envergonhada para o rubor lhe invadir as bochechas, o que a deixava ainda mais sem graça. Porém, para seu alívio, o tempo era curto, e os assuntos de trabalho, urgentes. Ela saiu do foco, com todos se concentrando na pauta.

Durante uma hora uma série de questões pendentes foi debatida, muitas relativas ao bom atendimento dos clientes, tornando o clima bem tenso em alguns momentos. Mas entre as boas novidades, estava a autorização de um novo trabalho. E assim ela ficou sabendo que a campanha para a concessionária estava aprovada e que brevemente entraria em produção, devendo começar a ser veiculada no próximo final de semana.

Discorridos vários assuntos, passaram finalmente à pauta da semana. Logo foram entregues os pedidos de trabalho para cada dupla de criação. De cara, a redatora recebeu três envelopes, sendo avisada de que um deles deveria ser resolvido naquele mesmo dia, impreterivelmente até o final da tarde. Tratava-se da criação de um folheto institucional para uma transportadora de cargas frágeis.

— É um trabalho bem simples — explicou a gerente. — O layout já está pronto dentro do envelope e teve que ser feito sem o texto, porque o prazo já está pra lá de estourado... Assim que colocar seu ponto final apresente ao diretor de atendimento para aprovação. E não se esqueça do prazo: até o fim da tarde — instruiu a mulher num fôlego só.

Despencando das nuvens, a redatora conferiu seu relógio. Já passava das onze e a reunião sem cara de que estava para terminar, uma inquietação suficiente para a tortura interior começar, ela se questionando novamente se daria conta. Preocupação certamente só dela, pois quando a reunião foi encerrada, vinte minutos depois, foi a única a descer imediatamente para a sala da criação.

Ansiosa para destrinchar o novo *briefing*, teve, é claro, que criar coragem de ligar para o marido dando péssimas notícias:

— Desculpe, mas não vai dar pra ter almoço em casa — foi avisando de uma só vez.

— Por que não? — ele questionou, visivelmente desapontado, certamente sabendo bem a razão.

— Tenho que criar um folheto até o final da tarde e preciso ler um calhamaço de informações.

Como ele só soltou um ai, ai, ai do outro lado da linha, ela tentou lembrá-lo de forma animadora que o transtorno de não comer em casa seria por pouco tempo:

— Tenha só mais um pouquinho de paciência, está bem? Já estou procurando a empregada, tá legal? Por favor, me ajuda! É meu primeiro dia e eu estou nervosa.

— Tudo bem, mas arrume uma que não durma em casa... E vê se não mata aula hoje...

Agora, sim, ela poderia começar a trabalhar mais tranquila. Realmente, nada havia de complicado naquele serviço. Teria apenas que respeitar o layout previamente marcado: o título do folheto era o próprio slogan da transportadora que, por sinal, ela achou péssimo. Mas é claro que guardaria o "achômetro" para si mesma, pois quem era ela para emitir opinião sobre qualquer coisa? Se usavam a frase é porque tinham gostado dela.

Sua expectativa era usar de maior criatividade para desenvolver seus trabalhos, ainda mais agora que era, oficialmente, uma redatora. Mas com o título do folheto previamente definido e os temas já distribuídos no miolo, restava apenas fazer os subtítulos, além de um texto objetivo e de fácil leitura. Algo simples para qualquer redator experiente, mas não para uma estreante insegura e pretensiosa como ela. Principalmente considerando que a sala da criação acabou se tornando um verdadeiro tumulto quando os outros desceram, atraindo também o diretor de atendimento, o chefe de estúdio e o produtor gráfico. Era um entra e sai sem parar, o telefone tocando, as pessoas discutindo o andamento dos trabalhos, com todo mundo falando junto e alto.

Foi assim até meio-dia e meia, quando foi finalmente a única sem sair para almoçar. Preocupada demais para comer, preferiu aproveitar o silêncio e a paz agora reinantes e tudo ficou mais fácil; podia ler e realmente entender o conteúdo passado como base para o desenvolvimento do texto.

***

Cento e vinte minutos transcorreram como se fossem doze; e quando os outros retornaram, por volta das duas e meia, ela não tinha se dado conta da hora. Já estava, porém, com boa parte do caminho andado, faltando apenas fazer o fechamento do texto, algo que acabou lhe custando mais do que imaginava: ouvindo a outra dupla discutir a campanha que lançaria uma nova cerveja no mercado, ficou difícil se manter concentrada no próprio trabalho.

A agência estava em uma concorrência e precisaria apresentar a melhor ideia para ganhar o cliente — razão pela qual na distribuição da pauta, feita pela manhã, a dupla acabou responsável por apenas um envelope.

Eram seis da tarde e escurecia lá fora quando o diretor de atendimento entrou nervoso pela sala da criação, já lhe dando um esporro fenomenal:

— Muito bonito! — ele disse, ao vê-la sentada junto da dupla lendo o dossiê da pesquisa de mercado feita para o lançamento da cerveja. — Eu na maior urgência de apresentar o folheto para o cliente, e a senhora aí, tranquilamente sentada, bisbilhotando uma pesquisa que, pelo que me consta, deveria ser sigilosa!

Um silêncio total se fez, acompanhando o mal-estar geral, uns olhando para a cara dos outros, até surgir o sorriso amarelo e o "deixa disso", murmurado pelo diretor de arte da dupla responsável pela cerveja.

— Fui eu que passei a pesquisa para ela! — veio também em seu auxílio o redator.

Depois do choque inicial, resolveu ela mesma lidar com a situação. Já tinha percebido durante a reunião matinal que o sujeito era estressado, não apenas com ela, embora também parecesse ser competente.

— Eu te procurei na sua sala mais cedo, mas a secretária avisou que você estava fora. Deixei o trabalho na sua mesa e só estava esperando você chegar para ver se está ok...

— Ah... sei... — balbuciou o estressado, completamente sem graça. — E essa pesquisa? É sigilosa, hein? Não vá sair comentando aí... — ainda tentando atacar para resgatar sua autoridade.

— Pode deixar! Sou mulher, mas não sou fofoqueira... — respondeu ela, gracejando, pois não levaria desaforo pra casa.

Ele, por sua vez, bem que poderia ter aceitado a provocação embutida na resposta. Mas acabou se desarmando e rindo às gargalhadas, o que lhe deu os ares irresistíveis de um menininho. E foi assim, apesar daquele péssimo começo, que os dois instantaneamente se tornaram amigos, respeitosos e muito queridos.

***

Concluiu o texto e levou para o outro redator dar uma olhada.

— Hum, hum... — murmurou ele, terminando a leitura desinteressada, sem olhar para ela por um segundo que fosse, voltando imediatamente ao que escrevia.

Quatro meses tinham se passado sem que ela ouvisse dele qualquer incentivo ou elogio. No máximo, lia e criticava alguma parte, já que assumira a função de revisar os textos dela antes que fossem levados aos clientes. Quanto a ela, o que mais desejava era ser bem acolhida e orientada por ele, sem poupar esforços para tentar romper a total indiferença. No fundo, qualquer tipo de aprovação serviria; imaginava-o frio e distante por não gostar nem do seu jeito, nem de suas criações, e fizesse ela o que fizesse, ele continuava não lhe dando a menor trela.

De volta à própria sala, onde se refugiou sentindo-se um nada, lembrou com saudades o diretor de arte com quem trabalhara no início e que fora mandado embora dois meses depois, poucos dias após se mudarem para uma das salas vazias do pátio. Trabalhando com ele se via como parte de uma equipe, com quem compartilhava ideias, dúvidas e inseguranças. Custou a entender a razão daquela demissão, e só algum tempo depois acabaram lhe explicando: a intenção era modernizar a criação da agência e o diretor de arte tinha um estilo considerado ultrapassado. Dessa forma ela sobrou sem dupla, se sentindo totalmente isolada da outra.

Além de não poder contar com o redator como gostaria, tinha ainda que lidar com o diretor de arte que sempre a cantava descaradamente, apesar de ele também ser casado, exercício que a obrigava a praticar a própria capacidade de dissimular que ela foi aprendendo aos poucos, até se tornar quase *expert* no assunto. Em compensação, a direção da agência, o pessoal do atendimento e os colegas de outros departamentos não escondiam sua afeição e clara satisfação com o trabalho dela: eram inúmeros e rasgados os elogios que ouvia quanto ao seu desempenho e engajamento. Quando seus três meses de experiência terminaram, foi efetivamente contratada e recebeu um aumento considerável, pelo qual nem esperava.

Fumando um cigarro, apoiada na mesa da sala que agora ocupava sozinha, podia ouvir a dupla na sala ao lado conversando baixinho e dando muitas risadas. Definitivamente, não entendia a razão daquilo, pois certamente era dela que falavam. Sua intuição com frequência a desconcertava, fazendo com que se policiasse sem descanso: julgava neuroticamente o próprio comportamento, sempre receosa de estar lhes dando motivo.

Com as lágrimas lhe embaçando a visão, enxergava pela porta aberta a bela jabuticabeira solitária, isolada no pátio cimentado.

Empaticamente, colocou-se no lugar da pobre árvore, imaginando como podia se manter viva e frondosa, já mostrando os frutos de uma safra nova e rica, mesmo mantida num lugar tão árido, limitado a um pequeníssimo círculo de terra cercado de cimento por todos os lados. Era mesmo um enigma aquela pujança toda, pois o natural — imaginava ela — seria que definhasse asfixiada, mas quem sabe aquela árvore, apesar das adversidades que enfrentava, tivesse a capacidade de sentir-se muito amada e festejada? Afinal, muitos ali cuidavam sempre dela, demonstrando aguardar ansiosos seus frutos doces, fartos e perfeitos, pelo menos uma vez por ano. Ela mesma a tinha molhado diversas vezes num trabalho voluntário, feito quase que diariamente pelo primeiro que tomasse a iniciativa.

Pois ela não deveria se importar com aqueles dois; com ninguém mais tinha arestas, pelo contrário: se sabia querida e bem aceita por todos. Então, eles que perdessem sua amizade e atenção; a despeito de tudo e todos, estava focada mesmo era no trabalho, decidida a brilhar e se consolidar na carreira que escolhera.

Tomada de um ânimo novo, pegou o telefone e ligou para a sala do presidente. Logo atendida, pediu autorização para apresentar o texto que acabara de criar para o seu cliente.

***

Bateu na porta e a empurrou timidamente, esperando permissão para entrar.

— Vem cá... — disse o homem afetuosamente, escancarando um sorriso no rosto anguloso.

Ela entrou e imediatamente lhe entregou o papel. Como era um texto curto, manteve-se de pé, pronta para sair assim que ele terminasse de ler.

— Senta um pouquinho — ele pediu, indicando um dos assentos em frente à sua cadeira alta, dispostos do outro lado da mesa.

Enquanto ele lia, ela passeava o olhar pelos quadros emoldurados que ocupavam parte da parede da sala elegante. Três deles exibiam diplomas do próprio patrão e os demais vários certificados de campanhas premiadas.

Devaneando, imaginava quando chegaria o dia em que acrescentaria muitos novos quadros àquele conjunto.

— O texto está bom, tire apenas esta informação e acrescente o telefone — orientou o presidente.

— Ok, obrigada. — disse ela, puxando o papel que ele estendia e já se levantando.

— Espera um pouquinho! Preciso falar com você... — ordenou ele, mostrando-se ligeiramente vacilante.

E sob seu comando ela se acomodou novamente na cadeira, aguardando o assunto que se seguiria. Era a primeira vez, naqueles primeiros quatro meses, que via o impulsivo patrão pensando muito antes de falar.

— Você tem crescido bastante, sabe? E tenho certeza de que você vai ter uma carreira brilhante se quiser...

— Obrigada — respondeu ela, sinceramente agradecida, já sentindo as maçãs do rosto se avermelhando. Estava visivelmente sem graça, pois embora precisasse (e buscasse muito) receber elogios, era tímida e demonstrava facilmente o seu embaraço.

— Seus textos estão muito bons, é notória a sua evolução.

— É bom ouvir isso, tenho me esforçado bastante. E quero sempre agradecer pela oportunidade que vocês me deram. Adoro a agência e quero melhorar ainda mais, porque pretendo ser ótima criadora.

Enquanto a escutava ele acendeu um cigarro, mantendo os olhos fixos sobre ela. E mesmo depois de ter se calado, continuou a fitá-la diretamente, sem nada dizer. O silêncio se prolongou até que ela demonstrou desconforto, remexendo-se incomodada na cadeira. Não supunha o que ouviria a seguir, mas ele, com certeza, procurava as melhores palavras. Talvez a conversa, que tinha começado com elogios, fosse apenas para lhe dizer que infelizmente a dispensariam, pois contavam em ganhar concorrências que por fim a agência não levou. Ela mesma andava ouvindo pelos corredores, à boca pequena, que estavam se preparando para enxugar a empresa. Tudo bem, fosse lá o que fosse que ele pretendia falar, estava visivelmente embaraçado e não devia ser algo fácil de se dizer.

Quando finalmente ele se decidiu a quebrar o suspense, falou baixo, quase sussurrando, ela se vendo numa situação que jamais imaginara.

— Olha, em primeiro lugar eu quero te pedir que compreenda meus sentimentos. Aliás, pensei muito antes de me abrir, mas não consigo mais guardar isso comigo...

Ouvindo aquilo, ela o fitou atentamente, ainda sem suspeitar por que ele a tornava uma confidente.

— Claro, não se preocupe — respondeu ela, mal podendo acreditar no que veio a seguir:

— Você é casada. Aliás, praticamente recém-casada. É muito jovem e está começando uma carreira que, tenho certeza, vai ser brilhante. Mas preciso te confessar uma coisa... e quero te pedir que não deixe que isso interfira na sua vida pessoal e nem no seu trabalho aqui... eu preciso desabafar...

E foi então que dispararam todos os alarmes, ela entendendo perfeitamente o que estava para acontecer. *Não, não, não, por favor, não faça isso!!!* — ela torcia interiormente para que ele se refreasse.

Mas, readquirida sua segurança habitual, ele foi em frente:

— É que desde que você entrou na minha vida eu me apaixonei... — e impassível diante do susto, da palidez repentina que tomava conta do rosto da menina, continuou: — Pensei que nunca mais fosse amar de novo, mas de repente meus sentimentos mudaram, e agora você faz parte dos meus pensamentos, dos meus sonhos, e até dos meus planos, porque é você que eu queria comigo.

O que ele esperava?! O que pensou que a ouviria dizer?!

— Desculpe, mas você está enganado... Isso vai passar... — murmurou ela num fio de voz, mal podendo respirar, desejando que o chão se abrisse para que ela sumisse imediatamente. Num só pulo ela alcançou a porta e sumiu por ela, desesperada.

***

Naquela noite, encolhida na cama, sentia-se protegida pelo abraço do marido. Tinham acabado de fazer amor e sua vontade era contar tudo. Sabia, no entanto, que se abrisse a boca o mínimo que poderia acontecer era ele exigir, de imediato, que ela abandonasse a agência. Acabou segurando o ímpeto e a língua, mesmo porque ele havia adormecido.

Finalmente, de olhos fechados, começou a pensar no que tudo aquilo poderia significar. Talvez não fosse tão talentosa quanto se permitira acreditar, sendo mantida ali por um simples capricho, um desejo do patrão. Talvez fosse este o motivo de se ver tão isolada pela outra dupla. Deviam rir mesmo era da sua pretensão.

Depois de passar metade da noite fritando os neurônios, se virando de um lado para o outro sem qualquer paz ou sono, chegou à conclusão que fortaleceria as suas decisões dali para frente. Definitivamente não desistiria dos seus sonhos, o patrão já tinha dito o que queria e não ousaria fazê-lo de novo. Ela, por sua vez, agiria como se aquela conversa nunca tivesse existido, além do mais importante: trabalharia ainda mais do que antes, empenhada em não deixar qualquer dúvida sobre sua capacidade. Afinal, não seria fácil encontrar vaga em outra agência como aquela sendo apenas uma iniciante, principalmente naqueles tempos bicudos, um péssimo momento econômico para o país.

***

Um mês se passara desde a declaração, ele cumprindo faceiramente uma nova rotina: descia inúmeras vezes à sala dela sem a menor necessidade ou constrangimento, além de surgir inesperadamente em todo lugar da empresa onde ela estivesse. Parecia até que a rastreava pelas salas, nunca perdendo a chance de lhe fazer elogios gentis e galanteios respeitosos, mesmo na frente de outras pessoas.

— Bom-dia! — disse ele, entrando alegremente em sua sala e já espalhando no ar o cheiro inconfundível do perfume francês.

Desde aquele dia, era a primeira vez que ela ousava encará-lo quando respondeu. E pelo jeito que ele a fitava, não precisava dizer mais nada para enfatizar o mesmo texto inflamado de um discurso que ela tentava fingir que não escutara.

Aproximando-se de sua mesa, com todas as desculpas a seu favor, ele começou a passar os olhos pela estante de livros como se procurasse alguma coisa. Tinha mudado o corte de cabelo — ela percebeu — e apesar de ter o dobro da idade dela, não aparentava. Não era bonito, mas, com certeza, charmoso até demais. Além da presença marcante e de um carisma inquestionável, era alto e muito elegante. Aos olhos dela, parecia uma fortaleza, dono de uma segurança inabalável.

Mas afinal, o que esse homem viu em mim?! — pensava ela enquanto olhava fixamente para a folha de papel, onde tentava se reconcentrar no texto que desenvolvia. Tem 42 anos, é sofisticado, o típico executivo bem-sucedido. Que graça ele viu nesse meu jeito meio *hippie*? Comparando-se à mulher dele, então, que algumas vezes ela viu visitando a agência, nada fazia sentido. A outra não era apenas bem mais jovem do que ele, mas exuberante, de tão exótica e bonita.

Nesse mesmo instante, como se um mágico fosse — daqueles que adivinha até pensamentos —, ele se aproximou curvando-se sobre ela e murmurou baixinho, a poucos centímetros do seu ouvido:

— O que mais gosto em você é de sua meiguice. Me dá a sensação de que você precisa de toda a proteção do mundo... — e como sempre fazia, desapareceu pela porta do mesmo jeito que entrara: deixando-a quase sufocada.

Desta vez, porém, acabara deixando impresso no ouvido dela um poderoso arrepio, e um coração batendo tão forte, tão descompassado, que ela pensou que sofreria um desmaio. Era emoção suficiente para passar o resto do dia tentando inutilmente se concentrar no trabalho. Sim, porque a cada dez palavras que escrevia, acabava perdendo o sentido das frases, completamente absorvida pelo impacto daquele novo contato. Se era intenção daquele homem invadir e tomar seus pensamentos, o placar marcava ponto pra ele.

***

Outro mês se passou e a nova rotina de visitas à sala da redatora foi sendo cumprida à risca, porém sem que ele fizesse outras grandes investidas. Mas quando ele viajou, e se passaram três dias sem que ela o visse, começou inquestionavelmente a sentir saudades, uma incômoda falta dele, de tal forma que nem ela saberia explicar a razão daquele alívio, da estonteante alegria que sentiu quando finalmente o viu surgir na porta de sua sala naquele final de tarde. Tentou refrear a própria emoção, controlando secretamente o entusiasmo quando ele entrou. Naquela mesma noite, quando o marido tentou tocá-la, permaneceu de olhos fechados como se dormisse.

Tinha voltado nervosa da faculdade, tarde da noite, tão irritada que não conseguiu disfarçar a raiva ao ver a montanha de roupas passadas pela empregada sobre a mesa da sala, e que, como sempre, lhe caberia guardar.

— O que você tem? — perguntou o marido.

— Nada, só estou cansada — respondeu, sem esconder a contrariedade. Afinal, ele nunca tomava a iniciativa de fazer qualquer coisa dentro de casa, parecia um paxá.

— Você bem que podia me ajudar a guardar as roupas de vez em quando...

— Isso é coisa de mulher! — foi a resposta que recebeu. Revoltada, olhou para o homem indiferente, estatelado no sofá, os olhos pregados na TV.

— Que eu saiba, na casa da sua mãe você mesmo tinha que cuidar das suas coisas. E também arrumar sua cama, seu quarto...

— Claro! Mamãe tinha seis filhos e vivia sem empregada...

— Claro! Porque aqui você tem empregada nos três turnos... — disse ela revoltada, dessa vez sem se conter.

Como estava ele continuou, apenas rindo do nervosismo dela, o que a fez tentar se acalmar e se conformar com a situação. Mas ela estava inegavelmente exausta, e começou a pensar seriamente no que sua vida tinha se tornado: trabalhava o dia inteiro e estudava à noite, muitas vezes levando trabalho pra casa para dar conta dos prazos. Nos poucos horários livres, se dividia entre os trabalhos da faculdade, o pagamento das contas e as inevitáveis compras para a casa. Na hora do almoço, era uma correria insana para estar presente quando o marido fosse servido, pontualmente, às 13h00, a tempo de voltar sem atrasos para o trabalho. Faltava uma conversa madura e sincera para um novo entendimento entre os dois.

Mas a forma como ela encarava a carreira e vinha se revelando no mercado parecia ser um problema crescente para ele. Na verdade, um empecilho, pois desde que a mulher começara a dar mostras de algum sucesso, o marido passou a se comportar de forma cada vez mais rude. Era como se ele se sentisse humilhado por ela chegar tão rapidamente a ganhar quase tanto quanto ele. Basta dizer que sempre que o casal se encontrava com seus jovens amigos — muitos interessados em acompanhar aquela súbita e admirável trajetória da moça — o marido, ao contrário, sempre dava um jeito de diminuir seus méritos:

— Também, ela passa o dia inteiro pensando, sentada na mesa com os pés pra cima! Assim até eu... — ele chegou a dizer, repetidas vezes. Na faculdade, onde ela tirava excelentes notas, mesmo não frequentando tanto as aulas, ele sempre ficava em pelo menos duas matérias.

— Escola de comunicação? Pagou, passou! — provocava ele, com notório desdém. — Faz um sanduíche pra mim... — Era ele novamente exigindo atenção, enquanto ela mal acabara de organizar as roupas.

— Mas eu ainda tenho um monte de coisas pra fazer, faz você mesmo...

Era a primeira vez que ensaiava lhe negar um pedido, mas logo se arrependeu, pensando em por que se sentia culpada por nunca conseguir dizer não. Foi para a cozinha mesmo duvidando que sua dedicação fosse vista como um gesto de carinho e atenção, por prazer ou outra coisa qualquer, nunca por obrigação ou exploração. Com o modelo feminino de perfeição que tinha em casa, era natural que se sentisse mal. Afinal, a mãe sempre trabalhara com o pai e mesmo assim administrava a casa com incrível competência, mostrando enorme disposição para atender os desejos do marido, dos filhos e netos toda vez que a solicitavam — e não eram poucas! Todos pareciam pensar que ela tinha uma varinha de condão, o que fazia aquela filha se revoltar repetidas vezes por achar que abusavam demais da boa-vontade da mãe, sem perceber o quanto lhe exigiam. Era tida até como meio louca ou desequilibrada pelos irmãos, pois algumas vezes chegara a gritar a plenos pulmões:

— CHEGA!!! VOCÊS NÃO VEEM QUE ELA SIMPLESMEN-TE NÃO SABE DIZER NÃO?

Nesses momentos, era repreendida pela própria mãe, como se dissesse algo proibido. E era nisso que ela pensava enquanto preparava o recheio do pão. Há oito meses vinha se esforçando para tentar ser, no mínimo, uma boa dona de casa. Começava, no entanto, a entender que aquilo não funcionaria com ela, não daquela maneira.

Quando entregou o lanche nas mãos do marido notou, contrariada, que ele continuava abduzido pela TV; nem sequer lhe agradeceu o mimo. E nem viu quando ela saiu sem comer, já carregando as roupas de cabide para o quarto do casal.

Ai, meu Deus! Outra camisa manchada?! — pensou ela, constatando que era a segunda peça de roupa estragada pela empregada, numa única semana. E já prevendo a raiva dele, foi até a sala mostrar a camisa e dar logo a má notícia.

— Olha bem! — ele reagiu, furioso. — Se aquela empregada

manchar mais alguma coisa minha, vai pra rua na hora! Parece até que faz de propósito, só estraga as minhas coisas!

E ela, tentando acalmá-lo:

— Por favor, tenha paciência, compro outra pra você! Aliás, vou parar de comprar água sanitária e pedir a ela, de novo, para ter mais cuidado. Ela é de confiança e nós precisamos dela...

— Eu não preciso de empregada! É você quem quer isso... — respondeu ele, totalmente alheio à realidade e às necessidades da esposa.

Cansada demais para discutir e já de volta às roupas, lembrou que teria que trabalhar no dia seguinte e ainda não tinha avisado a ele.

— Amanhã vou ter que ir cedo para a agência...

— AMANHÃ? SÁBADO? E DESDE QUANDO VOCÊ TRA-BALHA SÁBADO?! — ele esbravejava, enquanto caminhava da sala até o quarto onde ela estava.

— É um trabalho importante e é urgente. É uma concorrência que...

— NÃO QUERO SABER! VOCÊ NÃO VAI! — gritava ele, avançando na direção dela.

Exasperada com a reação descabida e pretensão dele, sentiu o impulso de gritar que ele não era seu dono, não mandava nela, que a estava sufocando e que ela não suportaria mais. Mas apenas o encarou. E com o seu olhar duro, começou a dar pistas de que aquele tipo de atitude não funcionaria com ela. Porém, como não queria deixar dúvidas sobre o que estava pensando, resolveu deixar claro que ninguém tiraria sua liberdade:

— Desde quando você acha que pode mandar em mim?! — questionou, sem esperar resposta, saindo direto para o banho. Já trancada do outro lado da porta, ouviu o marido lhe contar, aos gritos, os novos planos que tinha feito para ela.

— EU VOU TE ARRUMAR UNS TRÊS FILHOS PRA VER SE VOCÊ FICA QUIETA EM CASA, ESTÁ OUVINDO?!

A essa altura ele urrava de raiva... E ela ouvia muito bem.

***

Ele tinha seis anos a mais do que ela e quando se conheceram, faltavam três meses para ela fazer 18. O casamento aconteceu algum tempo depois, dois dias antes de ela completar 21. No entanto, os sinais de que aquela união marcada com um ano de antecedência corria sérios riscos de fracassar começaram a surgir pouco tempo antes da cerimônia, ela tentando dizer que não estava mais certa de querer ir em frente:

— Eu não sei... estou com medo... — dizia, em meio às lágrimas.

— Deixa de ser boba, fica tranquila... — respondia ele, bastante compreensivo. É assim mesmo, você está nervosa, acontece com muita gente quando vai se casar!

Não sei não — pensava ela, ciente da própria confusão. Chegou mesmo a falar para os pais, uma semana antes do casamento, da insegurança que sentia.

— Ainda está em tempo de desistir! — sinalizou o pai.

Mas só de pensar na decepção do noivo, nos convites distribuídos e na festa, toda encomendada e paga, achou pior dar para trás. O que ninguém sabia — e nem ela mesma se dava conta — é que algo profundo tinha alterado seus sentimentos em relação ao futuro marido, quando se viu passar sozinha pelo horror e trauma de um aborto.

Tinham acabado de comemorar o noivado, e ele viajaria por duas semanas para as últimas férias de solteiro, já que no princípio do ano estariam casados. Instruída pela médica, ela aproveitou o oportuno intervalo para descansar o organismo, parando de tomar a pílula. E como a menstruação seguinte veio pouca e muito diferente do habitual, voltou preocupada ao consultório, sendo logo tranquilizada pela doutora que nem um exame fez:

— É normal, acontece com quem toma pílula há muito tempo. Pode começar outra cartela e continuar normalmente. E mesmo que a próxima menstruação venha desse modo, não precisa se preocupar, são alterações normais — explicou a médica.

Quase dois meses depois daquela consulta, seis meses antes do casamento, o horrível pesadelo aconteceu. Começou com uma dor chatinha na altura dos quadris e que agora ia tomando também as pernas.

Não é nada. Deve ser a menstruação querendo chegar — dizia ela para si mesma.

Olhou em volta e o corredor gelado do hospital lhe pareceu ainda mais triste do que das últimas vezes em que estivera ali. Era quase o final da manhã e ela esperava ansiosa, na porta do quarto, pelo médico que daria alta ao pai, internado novamente, três dias antes, com fortes dores no peito. Aguardava junto da mãe para levá-lo pra casa e não se daria ao luxo de passar mal justamente naquela hora, quando precisavam tanto dela, trazendo novos problemas e preocupações.

À tarde, quando já estavam em casa, a dor explodiu em seu ventre, uma cólica insuportável. Trancando-se no banheiro para não alarmar ninguém, sentou-se no vaso, curvada sobre si mesma. Mil coisas lhe passaram pela cabeça enquanto sofria terrivelmente, sentindo placas de sangue se soltando das entranhas e sendo liberadas com enorme violência.

— Meu pai, o que é isso?! Me ajuuuuudaaaaaaa, meu Deus! — gemia e implorava baixinho.

Após longos minutos vivendo a agonia, sentiu que a dor lacerante ia cedendo, gradualmente, até se tornar uma cólica branda. Muito fraca, trêmula, sem entender o que tinha acontecido, se levantou com o sangue vivo e vermelho escorrendo livremente pelas pernas; olhou dentro do vaso, repleto de coágulos, sem poder acreditar no que via sobre eles.

— Meu Deus, meu Deus, meu Deus! O que é isso?! Deus! Deus... — repetia baixinho, sem parar.

Com a escova de limpar o sanitário numa mão, a outra impedindo que um grito lhe escapasse da boca, tentava desesperada puxar o pedaço de carne branca, disforme e escorregadia, em estado de choque e terror. E tremendo dos pés à cabeça caiu ajoelhada num pranto convulsivo, forçosamente silenciado, certa de que deveria poupar os pais de tanta dor, pavor e tristeza.

Não se sabe ao certo quanto tempo se passou até que o irmão bateu na porta, preocupado, perguntando por que demorava tanto. Obrigou-se a levantar. Catatônica, foi limpando o sangue, espalhado por todo lado, e debaixo do chuveiro chorou tudo o que podia, até estancar as lágrimas, até poder sair do banheiro sem deixar que uma gota sequer lhe escapasse.

***

Duas horas mais tarde, quando o noivo a buscou em casa para irem juntos à faculdade, a encontrou aparentemente normal, já pronta para sair. E além do fato de ter se demorado no banheiro, ninguém percebeu que algo avassalador a tinha atingido, pois se limitou a ficar quieta em seu quarto, como se estivesse estudando. Ela e o noivo ainda se sentaram, como sempre, na mesa com os pais para um lanche, ela ciscando a comida e tentando disfarçar seu péssimo estado de espírito informando que estava com cólica. Esperava, no entanto, o momento adequado para se abrir com o único que a entenderia. Foi o que tentou fazer no instante em que entraram no carro, já mal podendo se segurar:

— Por favor, me abraça... — pediu, aos prantos.

Imediatamente ele a abraçou, avisando, porém, que não teriam muito tempo.

— Espera! A gente precisa conversar! É muito importante...

— Tenho uma aula importante hoje e já estou atrasado. A gente vai falando pelo caminho... — ele disse, já saindo do abraço e arrancando o carro.

Vinte minutos depois chegaram à universidade, mas a conversa tinha sido encerrada antes mesmo da metade do caminho. E embora ela se mostrasse visivelmente abalada, ele nada disse que fizesse sentido:

— Deixa de ser boba, que coisa mais idiota!

— Idiota? Como assim?

— É claro que você não estava grávida!

— Mas eu vi! Vi até dois pontinhos pretos... Iam ser os olhos dele...

— Para de bobagem — dizia ele, impaciente. — Você não estava no banheiro? Vai ver foi alguma coisa que você comeu...

Ela se calou. Novamente, não podia acreditar no que estava acontecendo. Sentiu-se imensamente só, literalmente abandonada, quando o viu se afastar apressado, sumindo pela passagem que levava ao prédio da engenharia.

***

Tentando ignorar a forte cólica que sentia, assistiu às aulas contra a vontade, como um corpo inerte ocupando uma cadeira. A cabeça estava longe, ainda refém da cena medonha, revivendo sem parar os piores detalhes. Sentia sabe-se lá o quê, julgando-se entre inocente e culpada diante da descoberta de que matara um filho sem ao menos saber que ele existia. E quando bem mais tarde reencontrou o noivo para ser levada em casa, tentou inutilmente explicar outra vez que o que vira não era imaginação.

— Está tudo bem, foi só uma cólica muito forte! Você não estava preocupada com a menstruação? Agora você menstruou, está tudo resolvido...

Só na manhã seguinte ela obteve o diagnóstico do médico, providenciado pela irmã, preocupadíssima, após lhe jurar segredo sobre o assunto.

— É provável, sim, que você tenha tido um aborto, porque seu útero está, sem dúvida, mais dilatado do que o normal. Mas você teve muita sorte, porque está tudo limpinho, não ficou nada aqui para ser curetado — disse o doutor.

— O médico disse que era pos-sí-vel — comentou o noivo, assim que soube da consulta e do resultado. — Tenho certeza de que não foi aborto — insistiu. — Eu teria notado a diferença em seu corpo se você estivesse grávida!

E talvez fosse mesmo impossível para ele entender os profundos sentimentos da noiva, o que a deixara ainda mais ferida e magoada. Afinal, não fora ele a puxar a descarga.

***

Era a primeira vez que ia à agência para trabalhar num sábado. Além dela e da dupla de criação, só estava o vigia da casa. Tinha saído cedo, deixando o marido ainda dormindo. Do trabalho, iria direto para a casa dos pais, sentindo-se intimamente grata por poder passar algum tempo longe dele no final de semana. Porém, não se passou uma hora até que ouviu de longe a campainha da rua. E pouco depois, se aproximando, os passos que desciam pela escada. Era ele, em pessoa, parado na porta da sua sala.

— O que foi? — perguntou ela, mal acreditando que ele estava ali.

— Nada. Eu estava por perto e resolvi passar pra te ver e perguntar se você precisa de alguma coisa... — respondeu o marido.

Ela entendeu, obviamente, que ele tinha passado apenas para conferir se estaria mesmo fazendo o que disse. E ao encontrá-la escrevendo um texto, trabalhando tanto quanto a dupla na sala ao lado, se mostrou visivelmente sem graça.

— Você ainda vai demorar muito? — perguntou com ar casual, tentando parecer à vontade.

— Vou até a hora do almoço, por quê?

— Vamos almoçar comigo na minha mãe?

— Hoje não, nós já vamos lá amanhã. Sábado é dia de almoçar com meus pais... — respondeu ela, procurando dominar a repulsa que a invadia.

— Tudo bem, então estou indo. E combinei com o pessoal de passar lá em casa à noite. Então vê se chega cedo...

— Hum, hum — concordou ela, com vontade de sumir.

Por que fui me casar? — ela se perguntou assim que ele saiu, finalmente se assumindo arrependida por ter ido em frente.

***

Mal ela entrou na casa dos pais o telefone tocou. Era o marido, dando continuidade à marcação cerrada que iniciara naquele dia.

— Só estou ligando pra te mandar um beijo...

Lembrou-se de um tempo em que faziam isso com frequência. Mas naqueles dias, eram sinceros, não importava quem ligasse. Agora, por mais que ele tentasse dissimular, ela sabia que estava ligando apenas para controlá-la. Isso nunca tinha acontecido antes, nem mesmo quando namoravam. E a mesma atitude, duas vezes num dia só, era demais. Por isso, quando desligou o telefone, imediatamente convocou os pais. Deveria começar a prepará-los para o que já sabia ser o seu futuro:

— Eu preciso falar com vocês... Só nós...

Da copa passaram os três para a sala, ela fazendo questão de fechar bem a porta para que a avó e a empregada não os escutassem. E vendo os pais se entreolharem, visivelmente preocupados, foi direto ao assunto:

— Acho que meu casamento está acabando...

Era a primeira vez que falava qualquer coisa nesse sentido, pois nunca se abrira sobre sua relação com o marido. Talvez por isso, por não poder imaginar nenhum dos seus motivos, o pai a alfinetou:

— Por precipitação?

Pelo tom da voz e pelo olhar crítico, ela entendeu claramente o julgamento já embutido. Afinal, desde criança fora taxada de impaciente, o que podia — dependendo do de como a vissem de fora — até parecer verdade.

— Pode ser. — respondeu ela, sem se defender. — Mas estou começando a achar que não nasci pra ser casada... Quer dizer... Se casamento é isso que está acontecendo comigo, confesso que estou decepcionada...

— Mas qual é o problema? — perguntou a mãe, com os olhos cor de água começando a marejar. Condoía-se certamente da menina que se mostrava tão triste, e muito provavelmente deduzia as dificuldades.

— Não é o problema, são os problemas. Pra começar, estou me sentindo tolhida, sufocada, cheia de obrigações como se eu fosse uma escrava e ele, o meu senhor. E tudo isso porque ele não suporta me ver trabalhando e me dando bem.

Ela viu quando os dois arquearam, ao mesmo tempo, as sobrancelhas. Estranharam o argumento. Afinal, os dois já namoravam quando ela fez o vestibular. E se entrou para a faculdade, o natural é que tivesse planos de seguir uma carreira!

— É isso mesmo que eu sinto — continuou ela. — E ontem ele me disse, aos berros, que iria me "arranjar" uns três filhos pra me fazer ficar em casa...

Embora ela se esforçasse arduamente para se transformar numa boa dona de casa, desde criança mostrara a sua face independente e um tanto libertária. Não foi à toa que desde os quinze anos fizera questão de trabalhar, mesmo podendo desfrutar da vida boa e bastante confortável que os pais lhe ofereciam. Será que o marido não sabia disso quando resolveram se casar?

— A gente nunca conversou sobre isso. E quem poderia imaginar que eu me daria tão bem assim?

Isso também era fato. Até os pais tinham sido pegos pela grata surpresa de vê-la dar mostras tão rápidas e favoráveis de seu talento. Ela já os vinha deixando orgulhosos nesses últimos tempos, antes mesmo de se formar.

— Talvez, se eu não estivesse me dando tão bem, ele não se importasse. E não sei se ele está se sentindo preterido ou simplesmente inferiorizado, mas dá pra ver a raiva dele pelo jeito que fala do meu emprego e até da minha faculdade.

— Vocês estão casados há muito pouco tempo, nem um ano, ainda. Sempre tem uma fase de adaptação — argumentou a mãe, tentando colocar panos quentes.

— Por mais que o mundo tenha evoluído e as cabeças pareçam abertas, a prática ainda incomoda muito. É difícil para um homem ver a mulher competindo de igual para igual — disse o pai, tentando justificar o genro.

— Mas eu não estou competindo com ninguém, só quero fazer o que gosto! E bem feito, de preferência!

— Mas será que ele sabe disso? Talvez você só precise de mais paciência — argumentou o pai.

— E tem mais... — continuou ela, sem refutar a questão da impaciência e finalmente se queixando da rotina esmagadora e desgastante que assumira nos últimos oito meses: ele não me ajuda em nada e ainda torce o nariz pra tudo! Não é isso que quero pra mim... já nem sei se gosto dele...

Sensível e observadora, a mãe não só tinha intuição, como conhecia bem a filha.

— Você se apaixonou por outro?

— Não! — respondeu ela, impulsiva. — Acho que não... De qualquer maneira, se estivesse apaixonada por outra pessoa não seria um sinal de que não gosto mais dele? — respondeu por fim, deixando o sim pelo não e vice-versa. Definitivamente, não gostava de mentir, e não tinha mais como negar a própria confusão emocional.

Com o silêncio que acabou se fazendo na sala, buscou a varanda com portas de vidro que dava para a rua. E olhando para a igreja que ficava do outro lado, confessou, envergonhada, o que seria impossível se os encarasse:

— O pior é que já não estou suportando quando ele me toca e me sinto obrigada a aceitar. Não é justo comigo e nem com ele...

Durante o tempo de namoro, ela nunca tinha olhado ou se interessado por outro. Era mesmo apaixonada pelo noivo, pelo menos até o evento do aborto. Depois disso, ainda acreditou que continuava a amá-lo, embora sentisse que não exatamente como antes. Chegara a ter uma rápida paixonite pelo irmão de uma colega da faculdade, pouco antes do casamento. Achou, porém, que era tudo bobagem. E por não querer enfrentar as circunstâncias, decidiu que de qualquer maneira esqueceria aquilo e iria em frente.

— Está bem! — disse o pai. — Você deve saber o que faz! Mas se vale a nossa opinião — disse isso e olhou para a mãe, sabendo que ela concordaria com ele — achamos que você deve esfriar a cabeça, dar um tempo e esperar um pouco até ter certeza das coisas... Desde já vou te dizer a mesma coisa que disse aos seus irmãos quando se separaram. Não sei quem tem razão, quem está certo ou errado, mas sou um homem justo e considero esta uma das minhas maiores virtudes. Acho seu marido um ótimo rapaz e sinto que ele gosta muito de você. Mas a gente tem que procurar ser feliz. E se é isso que você está buscando, tem todo o direito de tomar as decisões e atitudes que achar melhor. Você é minha filha e vou te dar todo o meu apoio. Decida o que decidir, você pode contar com a gente e ponto final.

Aquele era o pai que ela conhecia. Que a havia criado com profundo respeito, poucas vezes interferindo em suas decisões, por mais que discordasse delas. Sorriu para ele com gratidão, e olhando para a mãe meio que se desculpou pelo que julgava serem falhas suas:

— Mãe, você é um exemplo para mim. E tenho tentado inutilmente ser como você! Eu te amo e te admiro demais, queria ser perfeita como você... Mas nem consigo mais tentar!

Agradecendo as palavras que sabia sinceras, a mãe mostrou seu sorriso carinhoso de quem entendia suficientemente a filha e foi logo encerrando o assunto:

— Cada pessoa é uma pessoa e o mundo mudou muito. E você, felizmente — ou infelizmente, sei lá! — vive em outros tempos...

Os três se levantaram e seguiram direto para a mesa do almoço, já um tanto atrasado.

***

Durante a refeição já não havia mais sombra da conversa difícil. Ela passou uma tarde tranquila, usufruindo do clima gostoso da casa e da recepção sempre generosa dos pais. Por três horas, foi como se tivesse voltado no tempo, solteira e despreocupada.

Eram cinco da tarde quando o marido ligou, ela decidida a se manter calma e paciente.

—Você não vem pra casa, não?

— Daqui a pouquinho eu saio, está bem?

— Eu quero que você venha agora!

— Como assim? Por que agora?

— Por que eu quero, entendeu?!

— Não, não entendi...

— Estou em casa te esperando! Seu lugar é aqui!

— Por favor, para com isso. Você não vê o que está fazendo? — disse ela, com o estômago se revirando. Sentia aflição, nervoso, rejeição, asco, medo, tudo de ruim ao mesmo tempo.

— OU VOCÊ VEM PRA CASA AGORA OU NÃO VAI ME VER NUNCA MAIS, ENTENDEU?! — gritou o moço, tão alto que os que estavam em volta o ouviram batendo, em seguida, o telefone na cara dela.

Já de pé, procurando a bolsa para sair, ela foi sem graça se despedindo da família. Sentia-se insuportavelmente acuada, mas como na casa dos pais rezava o ditado de que em briga de marido e mulher ninguém mete a colher, não houve comentários. Porém, antes de sair para tentar apagar o incêndio que só fazia crescer, reforçou mais uma vez:

— Vocês viram isso? Vocês sabem como eu sou, nunca suportei imposições nem mesmo de vocês! Não consigo aceitar isso... Ainda mais agora que posso ser dona do meu nariz...

***

Áudio: Trilha instrumental suave e sofisticada acompanha os movimentos do vídeo.

O comercial começa mostrando uma bela e aconchegante sala de estar com amplas janelas e vista para uma linda paisagem, sugerindo tratar-se de uma casa de campo.

Na sala, um casal na faixa dos trinta anos: ela se veste com roupas elegantes, porém simples e confortáveis, de acordo com o próprio ambiente. Ele usa uma camiseta e calça largas e está sentado diante de um cavalete que sustenta uma grande tela.

A mulher está do outro lado, bem de frente para ele, sentada confortavelmente em um sofá. Posa para ele mantendo o rosto apoiado em uma das mãos, e a única joia visível é um brinco em sua orelha, um belíssimo diamante solitário.

Lentamente, a câmera se aproxima do rosto, fechando o plano na boca.

Corte para pincel pintando a boca na tela.

Corte para os olhos verdes da mulher.

Fusão para a tinta verde preenchendo os olhos no quadro.

Corte para plano aberto da mulher fazendo um gesto, como quem pergunta se já pode olhar.

Corte para ele acabando de pintar um anel e virando a tela para ela olhar.

Corte para plano fechado na mulher, que nota o anel pintado no quadro. Na sequência, olha confusa para a própria mão.

Revelando o mistério ele tira uma caixa do bolso, coloca o anel no dedo dela e um abraço emocionante acontece.

Entra locutor em off:

— Para dizer o que é importante, fale com joias. A arte de criar emoções.

Ela estava tão entretida na criação do comercial que nem percebeu o som dos passos descendo a escada.

— Sentiu minha falta? — era a voz do patrão, trovoando em tom de brincadeira.

Há uma semana não o via. E agora sentia a própria agitação, cada vez mais comum, na ausência ou presença dele. Se não fosse comprometida, e ele não fosse seu patrão, certamente já teria assumido que gostava cada vez mais de vê-lo por perto. Mas sendo as coisas como eram, apenas sorriu e respondeu no mesmo tom de brincadeira, "sim, claro!", sem coragem de demonstrar seu interesse e perguntar se ele tinha feito uma boa viagem.

— Você vai ao churrasco da produtora hoje? — ele quis saber.

— Ainda não resolvi, mas acho que não, tem a faculdade...

— Pois eu quero te ver lá, hein! — disse ele com autoridade, desta vez com o notório tom de patrão impresso na voz, mas já justificando: — Está mais do que na hora de você conhecer as pessoas e ser apresentada ao mercado como redatora da agência.

Rapidamente, ele subiu, antes mesmo de ouvir as risadas que explodiram na sala ao lado.

***

Não era seu costume se maquiar, no máximo uma boca pintada. Com o próprio batom, deixou um aviso em letras vermelhas e brilhantes no espelho do banheiro: Recado para você na mesinha da sala!

No bilhete deixado para o marido, pedia desculpas por não ter avisado antes e explicava sobre o churrasco importante na produtora. Anotara também o endereço, caso ele quisesse encontrá-la depois da aula. Se preferisse não ir, que a esperasse tranquilo porque no máximo até a meia-noite ela estaria de volta.

Chegou sozinha à festa e logo se viu perdida, no meio de tanta gente. Sentindo-se deslocada e nada à vontade, foi se esgueirando entre os raros espaços vazios e procurando algum conhecido.

Pelas rodinhas pescava fragmentos de conversas, os assuntos sempre os mesmos: propaganda, agências, campanhas e, obviamente, pequenos trechos de fofocas maldosas sobre gente que nunca tinha visto. Num desses animados grupinhos, localizou a dupla da agência conversando animadamente com mais quatro homens:

— Oi...

— Ah, ela veio! Pessoal, esta é a nova redatora da agência... — disse o diretor de arte, com seu sorriso malicioso de sempre.

— Tudo bem? — perguntou ela, num cumprimento generalizado. Foi apresentada a um por um, descobrindo que se tratava de uma dupla que já conhecia de nome, de um redator apontado como um dos mais brilhantes do mercado e do dono de uma agência pequena, da qual nunca tinha ouvido falar.

— Então, você é redatora? Isso é raro no mercado... — foi dizendo o dono da agência, bastante amigável.

— Pois é, nem eu sabia disso... — respondeu ela, mostrando sincera surpresa.

— Que interessante! — atropelou a conversa o redator brilhante e já visivelmente bêbado. — Tão bonita e ainda sabe escrever?! Nem precisava... — emendou, sarcástico.

Ela mal teve tempo de processar o comentário, quanto mais de responder. Foi logo puxada pela gerente de operações, que pedia desculpas a todos por ter que levá-la a outro lugar.

— Você ouviu o que aquele redator me disse? Que mulher não sabe escrever? — perguntou ela, indignada, à outra mulher.

— É bom você se acostumar. E ainda bem que você chegou porque o patrão já perguntou dez vezes cadê você! — resumiu a outra.

— Como assim, me acostumar? — insistiu ela. Tentava digerir o engodo enquanto acompanhava os passos rápidos da outra. Então a gerente parou de correr e, olhando bem nos olhos dela, mal acreditando em tanta ingenuidade e inocência, explicou claramente:

— Escuta bem o que vou te dizer: essa história de que publicitário tem cabeça aberta é só propaganda. Você acha que eles aceitam uma mulher competindo com eles? Ainda mais na criação, onde há tanta vaidade? Redatora nesse mercado é novidade, está entendendo? — desabafou a gerente, voltando a puxá-la pelo braço.

Quando se deu conta, já estavam do outro lado do prédio, onde todos os outros da agência estavam reunidos. Assim que se aproximaram, o patrão a puxou de lado e lhe disse no ouvido:

— Eu já estou completamente bêbado e a culpa é sua! — E com a voz amaciada, explicou: — Você demorou demais e eu quase me afoguei nos copos pensando que você não vinha!

E mais baixo, mais próximo ainda:

— Mas você veio e está linda... lin-da!

No mesmo instante, surgiu um garçom servindo doses generosas de uísque. E o patrão não só completou o próprio copo, como entregou um inteiro para ela.

— Não, obrigada, eu não bebo...

— Experimenta um pouquinho, você vai gostar. — insistiu ele.

Lembrou-se do porre desagradável de cuba-libre na adolescência que ainda a mantinha desinteressada por qualquer bebida, mas não podia deixá-lo com os dois copos na mão.

— Ao sucesso! — disse o patrão, levantando um brinde. Ao sucesso da mais jovem e promissora redatora do mercado... — completou.

Sem opção, ela deu um pequeno gole, não sem uma careta horrível.

— No começo é ruim, depois você se acostuma... — disse ele, encantado com a reação dela. Parecia achar tudo o que ela fazia era lindo.

— Hum, hum — murmurou ela, já virando mais um golinho. Dessa vez até que não queimou — riu também, concordando que até o gosto já parecia melhor.

Depois do sexto gole, já nem sentia o sabor forte, somente uma maravilhosa sensação de bem-estar. Quase podia flutuar sob o efeito bombástico da mistura de álcool e sedução, sentindo-se alternar entre a fluidez do corpo e a incrível excitação por tê-lo ali tão próximo, completamente devotado, paparicando-a de todas as maneiras. Não parecia enxergar ninguém além dela, mesmo com inúmeras pessoas se aproximando para tentar conversas mais reservadas. Não arredou o pé do lado dela por um minuto que fosse e bastava ela se afastar dez metros para ele se postar, imediatamente, onde quer que ela estivesse.

Ela caminhava para os 23 anos e nunca havia sido cortejada daquela maneira. Ainda mais por um homem assim, maduro, seguro e carinhoso, tão diferente de todos que conhecia. E embora ele fosse ousado e bastante impetuoso, mostrava-se ao mesmo tempo respeitoso, cercando com cuidado a própria paixão de falas elegantes e atitudes cavalheirescas.

Já não podia negar que se descobria encantada, finalmente abrindo a guarda e de forma arrebatadora. Soltinha pelo efeito da bebida, que rapidamente desaparecia do seu copo, começou a se entregar secretamente enquanto reparava nele. Suas mãos grandes e fortes, a boca tão perto da sua, seu peito largo a fazendo desejar estar ali aconchegada. Sentia-se súbita e loucamente atraída por ele, já sem poder evitar. Começava a aceitar a ideia assustadora de que se ele continuasse a insistir, não conseguiria impedir que caíssem também as barreiras que ainda respeitava.

Tremeu de medo. Só de imaginar-se traindo o marido sentiu um calafrio gelado percorrer-lhe a espinha, angústia que se tornou tão visível que acabou lhe sacudindo o corpo, a ponto de o homem que a cortejava tirar o próprio casaco e colocá-lo em suas costas:

— Está frio aqui! Você está tremendo! — disse ele, preocupado. E amaciando a voz, cheio de dengo e cuidados, arrematou: — Fique com o meu casaco já que não posso te abraçar...

Mal chegando à altura dos ombros dele, ela viu pela camisa vermelha, entreaberta, o peito bronzeado do homem. Deixou-se inebriar imediatamente pelo perfume e calor guardados no agasalho que agora a envolvia. Então ele a puxou para bem perto e falou baixinho no ouvido dela.

— Queria estar longe daqui, sozinho com você. Queria te abraçar e te dar todo o carinho do mundo. Queria muito que você fosse minha...

— Desculpe, por favor, me desculpe! Gosto de você, mas amo meu marido — foi sua defesa, demonstrando, talvez, o quanto duvidava disso.

— Não sei se acredito, mas tenho paciência e vou esperar. E quando você decidir que está pronta para mim, já estarei livre e desimpedido esperando você chegar.

Ali mesmo, aproveitando que estavam a sós, contou à moça que não suportava mais viver ao lado da esposa, desejando que fosse ela em seu lugar. Por isso, independente de tudo, tinha decidido se separar. E foi sob o impacto dessa notícia inesperada que ela viu o marido entrando. O patrão escapou a passos rápidos e um tanto cambaleantes rumo à porta de saída.

Mal o marido se aproximou, foi colocando o braço em seus ombros, parecendo apoiar todo seu peso nela, que se desequilibrou. Parecia pesar uma tonelada. Incomodada, ela reclamou.

— Você bebeu? — perguntou ele na mesma hora, realmente estranhando.

— Um pouquinho... — ela respondeu, de repente enrolando a língua.

— Mas você nunca bebe! — argumentou o moço, achando a maior graça.

— Acho que estou mudando... — disse ela, desolada, sentindo que queria mesmo ter ido embora com o outro.

***

Eles se beijavam, beijavam e beijavam. Com suas mãos grandes e fortes, ele a tocava apaixonadamente, dispensando carícias a seu corpo inteiro. Nunca tinha se sentido tão bela, tão amada. Até o quarto, a cama, as cortinas, tudo parecia diferente.

Quando abriu os olhos e viu aquele rosto, pela primeira vez, colado ao seu, compreendeu que já era tarde: não tentava mais resistir àquela paixão. Arrebatada, inteiramente entregue, estava pronta para ele. Sentia-se invadida; de repente, os sinos zumbiram alto em seus ouvidos... assustada com o despertador que gritava na cabeceira, pulou da cama ao mesmo tempo que o marido. A boca colava, o gosto era horroroso. A cabeça ainda rodava, tentando se situar entre o sonho e a ressaca, garantida pela noite anterior. Arrastou-se até o banheiro e vomitou, sem conseguir se livrar da confusão de sentimentos. Queria colocar para fora, buscar ajuda, se perdoar, falar com alguém que não a julgasse nem condenasse, e que de fato a compreendesse:

— Deus, querido! Você sabe que tudo o que eu quero é amar e ser amada... Conhece meu coração... Não quero ferir ninguém, então, por favor, me ajude a fazer o que é certo. Me dê força e coragem para fazer o melhor para todos nessa situação...

Tomou banho e se vestiu, passando rapidamente pela cozinha para um café puro e amargo, capaz talvez de aliviar um pouco seu enorme mal-estar. Mas assim que deu de cara com a empregada perguntando o que cozinhar para o almoço, sentiu que ficava verde. Bastou pensar em comida para o enjoo piorar ainda mais.

— Faz qualquer coisa... — gemeu.

— Ah, neeeeeeeem... — resmungou a outra com seu sotaque caipira, bem carregado e arrastado, iniciando a ladainha diária: — Seu marido é muito chato! Reclama de tudo que a gente faz e eu num tô aqui pra ficar aguentando cara amarrada de homem...

— Faz qualquer coisa, por favor, eu já disse! E quer saber do que mais? Você está ficando mais chata do que ele, só vive reclamando! Puxa vida! — respondeu, na lata, achando que já era tempo de se desligar das picuinhas idiotas e constantes entre os dois.

Já de saída para o trabalho, encontrou sua bolsa jogada no sofá, exatamente onde a deixara ao voltar do churrasco. Ao lado, à espera de ser devolvido naquele mesmo dia, o casaco do patrão que, ao ser tocado, espalhou imediatamente pela sala seu inconfundível perfume. Foi o bastante; sentiu o nó se apertando ainda mais no estômago, um convite para que fugisse de vez ou se entregasse aos braços dele.

***

— Mas por que você quer se separar?! A gente não tem nem um ano de casados... — questionava o marido, arrasado, chorando tanto quanto ela.

— Eu gosto de você, mas não posso te fazer feliz...

— Mas eu já sou feliz, sou feliz com você! — ele insistia.

Ela não queria mentir nem tampouco magoá-lo, contando a ele o que ainda não era um fato. Resolveu dizer apenas o que julgava necessário:

— Não dá pra gente continuar juntos, já não sinto o que sentia antes...

— Por quê? O que foi que eu fiz?

— Você não fez nada. Eu é que mudei.

— Mas... mudou como? Por quê?

Ela já pensara demais sobre isso, e foi finalmente capaz de falar abertamente sobre o passado, trazendo de volta um assunto que para ele não tinha nem peso nem qualquer importância até o momento.

— Nem eu mesma sei explicar, mas sei que meus sentimentos mudaram antes mesmo de a gente se casar... Eu estava com medo, lembra? Só que naquela época não tinha a compreensão de quanto o aborto mexera comigo... — desabafou.

— Que aborto?! Do que você está falando? — perguntou ele, realmente esquecido.

— Você nem se lembra porque pra você aquilo tudo não teve a menor importância. Você nem fez força pra acreditar em mim! — acusava ela.

— Me desculpe, então! Me perdoe... Não fiz por mal... — ele se defendia, desesperado.

— Só me diz uma coisa! — disse ela, agora aos prantos. — Por que você não acreditou em mim e me deixou viver tudo sozinha daquela maneira?!

— Não sei... Achava que você estava carente, sei lá! Achei que estava querendo atenção... — justificou o moço, saindo-se com essa sabe-se lá de onde.

— Eu não, de onde você tirou isso? Mas precisei demais de você! Do seu carinho, seu apoio, mas acabei me calando... você nem ligou... Mas aquilo me matou, me destroçou por dentro... — ela desabafou, mais uma vez, tornando a sentir a terrível dor.

— Me perdoa, por favor! A gente pode recomeçar tudo, eu te amo... — suplicava o marido.

Ela, porém, estava decidida. Mesmo sentindo uma culpa enorme por vê-lo sofrer tanto, foi em frente, começando a tomar o caminho que colocaria um ponto final em seu casamento.

— Eu já te desculpei. Nunca senti raiva de você por isso, só um profundo desapontamento... Mas naquele momento, alguma coisa se quebrou em mim. Quando me dei conta, meu amor por você já tinha se transformado no que sinto agora: um desejo sincero de que seja feliz, do mesmo jeito que eu quero ser...

Falar assim era doloroso, mas de todas as verdades que pudesse contar, esta resumia tudo. Afinal, independente do que acontecesse dali para frente, a decisão estava tomada: não continuaria casada.

***

No mês em que permaneceram juntos, mas apenas morando na mesma casa, ela foi se distanciando de todas as maneiras, permitindo que ele se acostumasse à ideia de vê-la partir definitivamente.

— Pai, por favor, me dê forças para fazer o que é certo... Não quero mentir nem enganar, então te peço que nos proteja...

Deixava para trás seu primeiro casamento, e um homem tão abatido que a culpa a fez abrir mão de qualquer coisa a que tivesse direito, inclusive boa parte do rico enxoval cuidadosamente preparado pela mãe durante anos, e toda a mobília do casal escolhida a dedo, presente do pai. Para pôr logo um fim a tamanho sofrimento, mudou-se para a casa dos pais levando pouco mais do que as próprias roupas.

— Deus querido, me traga paz e cuide dele por mim... Ajude-o a esquecer-me depressa e a encontrar alguém melhor do que eu... — pedia chorando, sofrendo pelo marido o tempo todo.

Alguns anos depois

Mantinha os olhos abertos na estrada, que clareava pouco a pouco ao amanhecer o dia. Tinha passado a noite toda acordada, observando as sombras retorcidas dos escombros que corriam por sua janela, lembrando-a de seus próprios fantasmas.

Fortes tempestades tinham desabado nos últimos tempos, e tudo em volta era destruição. Atravessando o vidro e indo além, seu olhar a refletia: reconhecia-se tão destruída e desolada quanto a paisagem lá fora. Seu estado de espírito em nada se destacava do que via. No âmago do cenário pelo qual deslizava, lia muita revolta; a terra havia descido violenta, varrendo tudo que encontrava pelo caminho.

Mas é quando estamos num lugar escuro, onde há muita dor e medo nas perguntas sem resposta, que nos abrimos para nós mesmos.

Ela não era feliz. Nem mesmo na publicidade se realizava como antes. Tampouco aquela viagem fazia porque queria, mas porque se deixara convencer, sem forças para contrariar o namorado. A esta altura, caminhando para os quarenta anos, tinha três casamentos desfeitos e perdera a conta dos relacionamentos frustrados. Ainda assim, mantinha a atual relação, não porque se sentisse minimamente amada — pelo contrário, era a pior de sua lista extenuante —, mas porque se via presa, praticamente sem saída.

Era uma sombra, uma enterrada viva. Sobrevivia apenas, refém de enormes responsabilidades que julgava suas. Sentia-se culpada por ele ter rompido um casamento para viver com ela. Não demorou, porém, que o outro lado da moeda se revelasse: bastou ao moço assegurar-se de seu caráter generoso, conhecer suas fraquezas e inseguranças, para invadir sua vida e sua casa como um sujeito sem caráter, doente e incapaz, um pobre-coitado abatido pela depressão e dependente de seu amor, compreensão e cuidados, arranjo que o levou a abandonar o emprego sem novas tentativas de trabalho; tampouco abriu mão de explorá-la acintosamente e mentir de todas as formas.

Há três anos, suportava a grotesca manipulação: ele era mestre em fazê-la crer que se mataria, caso ela o deixasse. Desperta no ônibus onde todos dormiam, tentava engolir o choro enxugando as lágrimas. Com a visão embaçada, sem solução para os seus dilemas, perguntava a Deus como continuar naquela vida.

À espera de respostas, começou a perceber a história recente que a paisagem lhe contava. O que havia sido mata era nada mais que desrespeito e descuido. Com suas árvores tombadas, arrancadas pelas raízes, a natureza gritava; se aguentara até o limite, e agora deslizara, tomara de volta o território invadido. Caindo sobre si mesma, a Terra reclamava, como se perguntasse, silenciosamente, até quando ela pretendia ignorar os seus.

O recado estava dado; aceitou que cedo ou tarde teria que enfrentar cara a cara, mais uma vez, aquilo que mais temia. Ou então que se preparasse para explodir de uma hora para outra, sem juízo nem controle, feito um vulcão no limite da pressão.

Tomada por intensa angústia à qual já estava acostumada, olhou para o alto, um mar de lágrimas escorrendo pelo rosto.

Por que, meu Pai? Eu não entendo! Como permitiu que eu novamente me enganasse tanto? Quantas vezes te pedi que cuidasse de mim? Por que só me perco, por mais que te procure? Por que sempre acabo chegando a este inferno?! — Sua cabeça gritava, exigia dos céus qualquer explicação. *Tudo o que quero é amar, e é isso que você diz esperar de nós. Amar aos outros como a nós mesmos! Então por que diabos isso é tão doloroso? Por que, por mais que me esforce, só encontro o caos e a decepção?*

Agora estava com raiva. Raiva e revolta, por Deus permitir que pessoas boas e bem- intencionadas como ela se saíssem tão mal. *Quer saber, Senhor? Aqui todo mundo está se lixando. Então por que não consigo ser assim também? Por que não sou bastante egoísta, por que ainda me importo com os outros, se seria bem mais fácil me preocupar só comigo?!*

Passou da raiva à culpa: *Puxa, Pai, me perdoa... Mas o que espera de mim? Desde criança me sinto como um peixe fora d'água, devo ter mesmo errado de planeta, só pode! Então te peço, mais uma vez, por favor... Me aponte a direção certa, me coloque no meu caminho porque não aguento mais! Não me deixe duvidar de que existe um plano perfeito para mim, Senhor! Não me deixe duvidar de que você existe!*

Desacreditar da existência de um plano maior era algo inconcebível para ela: seria como negar a certeza, experimentada desde a infância. E ali, naquele ônibus, revivendo sua história em *flashes* de memória, se deu conta de quanto andava distante da fé sincera de antes, mesmo que ainda falasse com Deus diariamente.

Deus! Me perdoe! Só tenho motivos para agradecer! Sempre tive tudo o que alguém poderia desejar, então... por que não sou feliz? Me diz, Pai, virá mesmo um enviado seu para nos salvar? Um Cristo aceito por todos? Um ser iluminado, capaz de atrair todos os olhares do mundo, tocando igualmente os corações? Quando será, Deus? E de onde ele vai surgir?! Por favor, Pai querido, não deixe ele se demorar muito mais!

A conversa silenciosa não terminaria ali. Dia claro lá fora, enquanto os outros dormiam ela rezava, mas logo se pôs a imaginar de que modo o enviado d'Ele seria anunciado da próxima vez, considerando a maneira desastrosa com que havia sido tratado na primeira. *Mas e se o Salvador já estiver por aqui? Desta vez, obviamente, você não iria querer deixar dúvidas, não é? Sim, ele certamente não vai aparecer vestindo uma túnica e nem montado num burrico! Neste mundo cada vez mais materialista, quantos lhe dariam crédito? Então quem sabe ele virá como alguém bem-sucedido? Uma celebridade... É isso, Pai? Vai usar o sucesso e a fama para divulgar a mensagem?!*

Começou a se entusiasmar. Acreditava, afinal, que em se tratando de Deus tudo era possível. E vislumbrando a mais remota possibilidade de ocorrer uma campanha divina na Terra, teve a súbita ideia. Emocionada, dessa vez chorando por pura devoção, imaginava o quanto precisaria melhorar como pessoa para merecer a honra de servir numa campanha assim. Sentiu então, no fundo do coração, o quanto lhe agradaria retribuir à luz, já que sempre reconhecera seu talento para criar e escrever como um presente dos céus. E embora essa ideia se apresentasse como o maior de todos os seus devaneios, ela a expressou inteira.

Olha, Pai. Eu sei que isso não cabe a mim, logo eu, tão pequena e insignificante? Mas já pensou, Deus querido, que campanha incrível a gente poderia criar?! — E sem se importar com o que a própria razão dizia, fez um trato com Deus, de coração:

Pai, posso ter enlouquecido de vez te dizendo isso. Mas seja como for, se algo assim tiver a mais remota possibilidade de acontecer um dia, eu te peço, por favor: me chame pra trabalhar na sua campanha...

Parada Obrigatória I
Colocando o passado nos trilhos

*Ela não sabia se a bondade era algo
que vinha do caráter ou da alma.*

Muito além da razão: era onde a redatora se encontrava, desde criança ouvindo a ideia martelar na cabeça, acontecesse o que acontecesse, "o bem sempre vence o mal". Porém, destroçada pela depressão violenta, foi como se sua visão de mundo girasse cento e oitenta graus. Passando por um processo aterrador, tinha suspeitas de que o planeta onde encarnara fosse, na verdade, o pior dos fundos de poço disfarçado de azul.

Questionou-se profunda e desesperadamente, em meio a turvos pensamentos, se haveria mesmo um Deus que nos olhasse. Vira de perto incríveis milagres, mas envolvida em sombras perdia a confiança no divino. Irada, permitiu-se pela primeira vez questionar os céus quanto às mazelas que assistia, diariamente, na Terra dos Homens. Afinal, como um Deus poderoso poderia permitir tanta maldade sem que interferisse? Tantas guerras, injustiça e sofrimento? Que pai era aquele, que deixava filhos bons e inocentes se debaterem entre egoístas, sedentos de sangue, riquezas e poder?

Ainda adolescente, por volta dos quatorze anos, lera boa parte da Enciclopédia de Mitologia Grega que encontrara na biblioteca dos pais. Era assustador. Deixou de lado todos aqueles deuses, maus, invejosos e vingativos, preferindo se entregar à leitura dos romances arturianos, certa de que, algum dia, haveria de encontrar sua própria Excalibur. Mas agora, no auge do inferno pessoal, chegara ao lugar onde mais temia estar: sem fé, abandonando as batalhas de amor e paz, quase desistindo de acreditar na existência de um Pai protetor.

Talvez devesse mudar o próprio coração, se tornando tão materialista e egocêntrica quanto o mundo assombroso que a rodeava, pouco se importando com os outros e seus sentimentos. Sabia, porém, que a esse respeito nada poderia fazer. Exercitava a empatia naturalmente; era sempre capaz dos maiores sacrifícios pelo bem-estar alheio. Tal condição parecia onerosa, mas sossegava-lhe consciência. Dormia em paz, acreditando ter feito o melhor que estava ao seu alcance por qualquer um com quem se relacionasse.

Assim, oscilando entre uma fé que tentava manter e dúvidas incessantes, decidiu seguir acreditando em Deus, custasse o que custasse, nem que pra isso tivesse que inventar um e alimentá-lo diariamente. Seu alimento? A própria ética e entendimento, além de um desejo de perdoar, de querer o melhor para todo mundo, independente do que pensavam ou sentissem por ela, transcritos em sua bíblia pessoal: "Do seu Deus para você", uma carta que ela mesma escrevera em forma de oração e que carregava há anos dobrada na carteira.

Eram palavras abençoadas, cheias de luz e de boa-intenção, e que, hoje, a Escritora sabe com certeza de onde vieram.

Estação Além do Tempo
O lado oculto da história

*O sagrado em cada pessoa é como o conteúdo
do coração: justamente a parte que se esconde.*

Em um mundo cheio de regras e modelos a seguir, nunca foi simples nem convidativo ser apenas a gente mesmo. No caso da menina, então, não era fácil. Basta dizer que entre seus livros preferidos na infância estava *O Patinho Feio*. E vezes sem conta lá ia ela se refugiar em seu quarto, buscando alento e esperança no final da história, quando o patinho cresce e se revela um cisne, reconhecidamente belo e admirado por todos.

Queria a aprovação dos outros, embora sentisse respeito e reconhecimento alheios sempre lhe escapando, escorregadios como sabonete. Como na vez em que foi chamada pelo pai de "maria-tomba-homem", por ter entrado na frente do irmão, um ano mais velho, querendo defendê-lo dos meninos que o ameaçavam. Sendo menina e mais nova, era obviamente bem menor do que os garotos, mas apenas seguiu seu impulso natural: tomava as dores daqueles a quem amava. E sua intenção foi certeira, pois aprontou um rebuliço tão grande que no final preferiram todos caçoar da pirralha a dar uma surra no irmão.

Um ano depois, quando precisou de que alguém a socorresse para não ser enforcada dentro da sala de aula, descobriu que teria que se virar sozinha. E ai dela se assim não fosse, pois o provável é que nem sobrevivesse para contar a história, tim-tim por tim-tim, como de fato aconteceu.

Estava com sete anos e o colega de escola que se sentava na

carteira atrás da sua era não apenas maior, mas quase um brutamonte de tão alto e obeso. O menino vivia a perseguindo e irritando, até que um dia, no meio da aula, resolveu agarrá-la pela camisa do uniforme, pegando-a tão de surpresa que ela ficou pregada na cadeira, sem qualquer movimento possível nem um fio de voz que gritasse por socorro. E quanto mais ela lutava para se livrar daquelas mãos, mais as sentia apertando pela gola.

Agoniada no fundo da sala, via a professora de costas, completamente absorvida na tarefa de escrever um longo texto no quadro. E como todos copiavam de cabeça baixa — como ela mesma antes de ser atacada —, não havia quem a enxergasse em seu desespero, mesmo enquanto ela se esforçava para balançar os bracinhos para o alto, já perigosamente sem ar. Há quase um minuto sendo apertada daquele jeito, compreendeu que a morte a esperava e pensou instantaneamente nos pais, na dor que certamente sentiriam pela perda de sua preciosa vida.

Foi o bastante para provocar uma reação instintiva e poderosa. Sem pensar, apenas movida pela raiva que sentiu brotar contra o agressor, simplesmente girou os braços para trás e, com toda a força que tirava sabe-se lá de onde, agarrou o garoto e o puxou pela camisa; aplicando-lhe um balão de dar inveja ao melhor lutador de luta livre, o fez girar sobre os próprios ombros e cair estatelado no chão.

O som pareceu-se ao de uma bomba estourando entre as carteiras, deixando os alunos tão perplexos quanto ela mesma. Além do menino, é claro, que a fitava assustado, sem poder acreditar. Chorando, com o supercílio sangrando, acusou-a de machucá-lo por nada, antes de ser levado às pressas para o hospital e ganhar nove pontos. Nunca mais se atreveu a engraçar-se com ela.

Para a menina, embora se sentisse culpada por tê-lo ferido, o acontecido era como um milagre. Algo a ser comemorado, afinal, ela poderia ter morrido! Porém, a partir dali, sempre que se metia em uma simples discussão era invariavelmente acusada de *encrenquinha* ou vergonhosamente apelidada de *maria-tomba-homem*.

As linhas tortas de Deus

Mais que um momento no tempo, é obrigatório acrescentar, a infância foi o período em que ela acessou um mundo à parte: embora não parecesse real, de imaginário não tinha nada. E transitando entre a realidade e o espaço mágico dos que têm fé, testemunhou incríveis milagres bem diante de si — e também de outros, que ao contrário dela mesma não prestavam muita atenção ao que não se via.

Célia já trabalhava como empregada da casa quando ela nasceu. E logo que cresceu um pouco e a mãe passou a trabalhar, foi se vendo cada vez mais entregue aos cuidados da mulher. Até aí, nada de estranho, a não ser pela brusca mudança de Célia, que de pessoa mundana se transformou em crente fervorosa: fato paradoxalmente interessante já que a família era judia.

Assim, com apenas sete anos, a menina passou a presenciar conversas à meia-voz nas quais os pais estranhavam tantas mudanças na empregada: já não se vestia como antes e nem queria saber de namorados. Só saía para ir aos cultos e sempre voltava com os olhos brilhantes, contando, animada, os milagres testemunhados — dos quais, obviamente, a maioria em casa duvidava. Até a menina se encher de curiosidade, virando uma atenta ouvinte de Célia, não demorou muito. Logo ela, que estudava em colégio judaico, mas em nada se identificava com aquele Deus que lhe ensinavam e que despertava mais temor do que amor. Daí a se apaixonar pelo filho d'Ele foi um pulo, fato que os pais só perceberam quando já estava totalmente consumado.

A comprovação da própria fé se deu aos nove anos, com toda a pompa e circunstância: lá estava ela sentada no chão, aos prantos, vendo seu sonho de ser dama de honra despencar logo depois de tropeçar, torcer o pé e cair. O casamento da prima seria no dia seguinte e ela não podia pisar! Era o fim do mundo para quem aguardara ansiosamente pelo grande dia e supunha ser aquela sua única oportunidade, pois a família era pequena e todas as outras primas mais ou menos da sua idade.

A cada tentativa de voltar a andar, se recolhia novamente, aos prantos, vencida por uma dor dilacerante. Não tinha jeito, teria que ir ao médico e provavelmente voltaria enfaixada. Mas como? Que noiva iria querer uma dama de honra mancando ou com a perna enfaixada? Imaginem! Era seu sonho!

A mãe já estava na porta à procura de um táxi quando a menina pediu a Célia, desesperada:

— Ora por mim, Célia, por favor! Pede pra Jesus me curar!

— Não posso fazer isso, sua mãe não vai gostar... — respondeu a babá, também chorando, sentada ali ao lado.

Com o táxi esperando lá fora a mãe voltou, tentando erguê-la do chão.

— Mãe! Não quero ir, eles vão me enfaixar e eu quero ser dama! Deixa a Célia orar pra mim, por favor!

Inocente, sem entender o tabu que aquilo era, a insistência da menina acabou deixando uma Célia desconcertada e uma mãe confusa, sem saber o que fazer. A empregada falou primeiro, interrompendo o longo silêncio:

— Olha, a senhora me desculpe porque eu sei que a religião de vocês é outra. Mas ela acredita em Jesus e eu sei que ele pode fazer ela andar...

— Eu tenho fé, mãe, deixa ela orar pra mim! — insistia a pequena, olhos suplicantes encarando a mãe, ali parada, de boca aberta.

— Se você acredita, não custa tentar... — autorizou finalmen-te a senhora, praticamente gaguejando.

Novo silêncio, rompido apenas pelas sibilações da mulher que orava baixinho. Pouco a pouco, aumentando o volume da voz, Célia ia pedindo a Deus que operasse seus milagres, em nome de Jesus.

No mesmo instante, dando-se conta da sacralidade do momento, a menina tentou se ajoelhar, mas impedida pela dor continuou sentada, logo sentindo a mão grande e fria de Célia pousar sobre sua cabeça.

— Eu vou orar, mas a fé que eu tenho não adianta nada, se você não acreditar. Você só vai ser curada se tiver fé de verdade, entendeu? — instruiu a crente.

— Eu tenho fé, Célia, eu juro. Pode orar, você vai ver! — disse, confirmando sua confiança e fechando os olhinhos.

De pé, cabeça baixa, olhos fechados e rosto coberto pela mão, Célia continuou a orar como se entrasse em transe, com uma voz alta e trêmula pedindo a intervenção divina. Afirmando a cada frase sua fé em Jesus, clamava a Deus para que derramasse seu poder sobre a menina que, por iniciativa própria, demonstrava a sua fé. Exigia que Deus agisse e cumprisse suas promessas curando a criança, que compreendia a palavra e aceitava Seu filho. E era uma Célia divinamente inspirada que agradecia antecipadamente ao Pai pelo milagre que pedia. A poderosa energia foi se construindo, nem tanto pelas palavras ditas como pelo amor da mulher que as dizia, como se as arrancasse de algum lugar secreto e sagrado.

A menina sentia a frequência perfeitamente; em total sintonia, entregou-se ao ato de fé e se ergueu em total confiança, até simplesmente se colocar de pé. No primeiro passo, estranhou a dor que ainda sentia. Mas estava tão certa de que a cura ocorrera que vencendo o incômodo inicial se pôs a caminhar, ao som das graças e aleluias de Célia que não parava de gritar. Saiu mancando a princípio, mas logo caminhou normalmente, sem demonstrar o mínimo incômodo, para espanto dos olhos brilhantes e assustadoramente azuis da mãe, que pareciam querer saltar das órbitas.

No dia seguinte, lá se foi a menina realizar seu sonho de ser dama e dançar a noite inteira, comemorando o milagre.

***

Como seria de se esperar, o evento mudaria muita coisa. Sentindo-se mais liberada do que nunca, devidamente autorizada a praticar o que surgira como vocação natural, Célia passou a agir como se fosse praticamente uma pastora, tornando-se, com o tempo, cada vez mais fanática. Na mesma medida, a menina se sentia entre o céu e o inferno o tempo todo, se vendo pelos olhos de Célia: cheios de fé, porém humanamente confusos.

Para dar conta de todo o serviço doméstico, a empregada precisava exercitar seu poder na casa. E para controlar as coisas, curiosamente, desenvolveu um jeito muito peculiar de lidar com qualquer situação além da sua compreensão ou paciência: simplesmente orava e cantava, para expulsar os demônios que viessem tentá-la.

Naturalmente inquieta, sempre buscando com o quê se ocupar, a menina tumultuava o andamento da limpeza, andando pra lá e pra cá e atrapalhando o serviço, que a mãe fazia questão de encontrar sempre perfeito. Mas daí a ser tratada como demônio... era demais: bastava passar onde Célia estivesse trabalhando para a outra dirigir a ela suas canções de espantar o diabo.

Aquilo começou a assustá-la tanto, mas tanto, que já não conseguia dormir tranquila uma noite sequer. Chegava a correr para a cama dos pais em diversas madrugadas, não sem antes ter que buscar coragem para tirar a cabeça de baixo das cobertas e atravessar, em pânico, os cômodos escuros da casa.

Vivenciando esses horrores, mas ainda querendo ser uma menina boazinha, tentava agradar a amada empregada de todas as maneiras. Pensou tanto nisso que acabou tendo uma ideia: como Célia não era alfabetizada e seu sonho mais acalentado era ler a Bíblia, iria lhe ensinar. Determinada, já amando brincar de professora, pediu ao pai que comprasse quadro negro, apagador, giz, lápis e caderno.

***

No dia seguinte, tudo a postos, solenemente avisou à babá que teriam sua primeira aula. Marcada para depois do jantar, lá foram as duas entusiasmadas para a sala improvisada, na área de serviço da casa.

Quando Célia entrou, já encontrou um caderno, um lápis e uma borracha.

— Caderno e lápis pra quê? — perguntou a mulher.

— Pra você escrever! — explicou a menina.

— Mas eu não quero escrever, só quero ler...

— Mas, Célia, pra aprender a ler você precisa escrever também! — argumentou a pequena.

— Não, é muito difícil e você não vai saber ensinar! — resistia a mulher, antecipadamente derrotada.

— Por favor, Célia, me deixa tentar?

Como muitas das meninas ela adorava, sim, brincar de professora. De maneira alguma aceitaria facilmente uma recusa, pois tinha, além de tudo, o desejo sincero de ensinar à outra. Queria que Célia experimentasse o enorme prazer que ela mesma sentia quando lia seus livros, um refúgio diário que a consolava quando a própria Célia a confinava no quarto, por horas a fio, esperando pacientemente pelo fim da faxina.

Diante do quadro negro, pendurado no basculante da janela, a professora de dez anos de idade começou explicando, bem devagar, como funcionava o alfabeto:

— As palavras são formadas por letras e cada letra tem um som. Esse é o alfabeto, que é o conjunto de letras que se dividem entre vogais e consoantes...

— Ah, não, pode parar! É muito complicado e eu não vou

entender! — reclamou a babá já meio desesperada, ensaiando se levantar da mesa.

Porém, antes que ela sumisse de vez, a menina apagou tudo e com o giz em punho começou a escrever as vogais, em letra de forma.

— A E I O U — foi dizendo em voz alta, sem se abalar.

Não se sabe o que aconteceu, mas Célia acabou ficando. Talvez porque a menina não parasse de tagarelar:

— Essas são as vogais... — apontava para cada letra escrita no quadro e continuava repetindo, inúmeras vezes, seus nomes e sons. E milagrosamente, sem que ela pedisse, Célia foi naturalmente acompanhando até que as decorasse, uma por uma, com a segunda aula já marcada para a noite seguinte.

***

A professora repassava as vogais, mesmo porque a aluna teimava em não escrever. Então tudo aconteceu como no dia anterior, com símbolos e sons simplesmente sendo apresentados e decorados. Boa parte da noite passou-se nisso e pouco antes de encerrar, para mantê-la motivada, a menina mostrou a Célia o que aprenderia dali em diante, basicamente juntando as consoantes com as vogais:

— C com A, CA...

— S com A, SA... CA-SA!

— B com O, BO...

— L com A, LA... BO-LA!

— É assim que as letras formam as palavras. É assim que a gente faz para ler, fácil, né? — motivava a professora, feliz da vida com o progresso da aluna.

E como era sábado e ninguém teria que acordar muito cedo no dia seguinte, ficaram ali, sem pressa, brincando com as palavras. Algumas horas depois, já entendendo melhor como a coisa funcionava e confiando que finalmente aprenderia, Célia deu boa-noite e foi se deitar.

No dia seguinte, como sempre acontecia aos domingos, a menina acordou e permaneceu deitada, esperando os primeiros movimentos na casa para também se levantar. De repente, cortando o silêncio calmo da manhã, ouviu o rebuliço vindo da área de serviço:

era Célia, chorando e gritando em seu quarto.

Saiu em disparada e já encontrou a mãe acudindo a mulher atônita e descabelada, ainda vestindo pijama e sentada na cama, com a Bíblia que nunca tinha lido agarrada ao peito. Ainda chorava, e entre soluços e copos de água com açúcar, foi contando o que tinha acontecido em meio às aleluias e glórias que dirigia aos céus. Tinha sonhado com Jesus sentado em sua cama, durante toda a noite, a ensinando a ler. Ao amanhecer, Jesus se levantou dizendo que quando abrisse os olhos pegasse a sua Bíblia e lesse.

E como ele disse, ela fez. Para provar que dizia a verdade, Célia abriu ao acaso o livro, que tremia em suas mãos. E diante da plateia perplexa foi juntando as sílabas devagarzinho, formando palavras e lendo em voz alta o primeiro trecho que encontrou. Depois leu outro, mais um e mais outro — silabicamente — porém certinho e cada vez mais rápido.

***

Como se o fato de ser judia com uma babá crente já não criasse bastante confusão, o colégio da menina era dirigido por um rabino ortodoxo e sua esposa seca e autoritária, importados direto de Israel; o sistema de ensino era de semi-internato com aulas diárias de religião, ministradas pela apavorante mulher.

É fácil imaginar suas razões para se sentar no fundo da sala, tentando inutilmente se esconder. Julgava-se invariavelmente desaprovada, até mesmo quando ficava calada. Inocente, suspeitava que não gostassem muito dela, até o dia em que teve a mais absoluta confirmação ao viver uma situação tão trágica quanto cômica.

O dia lhe parecia tão opressivo quanto qualquer outro na escola, mas logo que a professora entrou na sala e todos se colocaram de pé, viu-se imediatamente atacada pelo olhar incisivo da mulher. E observando os olhos pequenos e escuros, mais faiscantes do que nunca em sua direção, pressentiu o bote com um arrepio, que lhe subiu dos pés à cabeça.

Por que razão a mulher repetia alto, de forma tão dura e com seu português enrolado, os dogmas e tradições religiosas que todos deveriam honrar e seguir, sob qualquer condição? E por que a professora ia e vinha para o seu lado, encarando-a com tal desprezo que a menina chegava a sentir pena de si mesma?

Captava tanta raiva na professora que sentia vontade de vomitar, o que quase usou como um bom pretexto para sair correndo da sala. Mas continuou ali, pregada no chão; ouvindo as duras palavras rejeitando a existência de qualquer outro salvador que não fosse o Messias, a pequena suspeitou de que seu segredo houvesse sido revelado, e que era ela a razão do discurso inflamado.

Mas como a professora saberia daquilo? Ela não era enturmada. Se dava melhor com apenas três colegas, e nem com elas chegara a se abrir; não seria conveniente, ela sabia: bastava o olhar de desagrado do pai sempre que tocavam no assunto. No entanto, a comunidade era pequena e alguém mais próximo poderia ter espalhado a novidade, já que no casamento da prima, dois meses antes, ela não se conteve e saiu dizendo que só tinha sido dama porque Jesus a havia curado.

Foram cinco minutos de um sermão rigoroso, que parecia nunca acabar. Para seu azar, a professora não se daria por vencida enquanto não a execrasse, a expondo à máxima humilhação possível. Com esse objetivo, fazendo questão de mostrar o quanto a menina era repulsiva, a professora olhou aluno por aluno afetuosamente até encará-la como se fosse uma aberração e disparar um sorriso jocoso, dizendo, com escárnio, que se houvesse ali algum burro ou débil mental que acreditasse em Jesus, que levantasse o braço.

Era mesmo de se esperar que, tomada de medo e horror, a menina ficasse encolhida. Mas contra todas as probabilidades, corajosamente levantou o braço para assumir a sua verdade. Afinal, no começo daquele ano tinha aprendido que não deveria mais mentir.

No princípio era o verbo

A exatamente oito dias do seu décimo aniversário, a menina experimentou a incrível força da palavra. Tinha mentido descaradamente dois dias antes, criando uma história horripilante, na qual se dizia vítima de um sério acidente.

Tudo começou com uma cena dramática no clube, quando uma coleguinha de escola, correndo descalça pela quadra de futebol, pisou num caco de vidro se ferindo gravemente. No dia seguinte, era o assunto da escola; e todos, sem exceção, demonstravam enorme consternação pela pobre garota, que tinha passado por uma séria cirurgia e ainda corria o risco de perder o movimento do pé.

Seu nome era lembrado em cada conversa e estava na boca de todos os presentes na piscina, frequentada pela colônia judaica. Como um assunto puxa outro, as crianças dentro d'água começaram a narrar suas próprias histórias de machucados, algumas contando que até já tinham levado pontos. Ela, particularmente, tinha horror a hospital, mas intrépida como era já tinha engessado ou enfaixado braços e pernas várias vezes, de tudo que é jeito, mas pontos, nunca! Era assustador, e só de pensar entrava em pânico, com uma espécie de dor e queimação a lhe subir pelas canelas. Contou suas próprias histórias, mas nenhuma delas, nem a de quando quebrara o braço despencando do alto de um escorregador, impressionara muito. Então ela resolveu apelar, e para ganhar a competição, inventou uma lorota tão mentirosa quanto trágica, na qual dizia ter se cortado e levado uma centena de pontos.

***

Dois dias depois, já nem se lembrava do acontecido. Brincava de pegador, correndo entre os primos pelo pilotis do salão de festas da casa da tia, onde a família reunida comemorava o primeiro dia do ano. E lá ia ela em disparada, tentando a todo custo agarrar o primo, já quase o alcançando, praticamente o tocando, quando de repente ele evaporou da sua frente e tudo o que ela viu foi uma enorme porta de vidro vindo pesada em sua direção. Instintivamente tentou se proteger, esticando o braço esquerdo, o que acabou provocando um estardalhaço.

Pelo rombo no vidro, via perfeitamente a cena lá dentro; umas trinta pessoas olhando para ela com uma expressão de assustar. Quieta, com o braço esticado na mesma posição, filmou o fundo do salão assistindo o momento exato em que a tia velhinha desmaiava, desabando pesadamente no chão.

Por alguns instantes, a cena congelou, mas logo percebeu o pai e o tio vindo em direção a ela com toalhas de mesa na mão. Em meio aos gritos agora em coro, identificava a voz desesperada da mãe tentando inutilmente se soltar dos inúmeros braços que a continham para poder acudir a filha. Mudando o foco para um primeiríssimo plano, já não reconhecia o que via, e que lhe parecia ser o que há pouco era a própria mão: um *replay* da cena dramática que tinha inventado na piscina. Desta vez, porém, não era na água que ela se molhava, mas na imensa poça de sangue que só aumentava.

Foi um dia de enorme sofrimento para todos. Foi levada à emergência do hospital com cinco dedos cortados, um deles em péssimo estado, pendurado apenas pela pele. E foram várias dores e horrores enquanto os médicos limpavam e anestesiavam cada parte cortada para examinar melhor a gravidade do ferimento.

Péssimas notícias no pronto-socorro: o tendão do dedo em pior estado estava seriamente comprometido, e a menina não só corria o risco de perder os movimentos, como de ter sua aparência danificada. A melhor solução era correr para uma clínica particular, de preferência com um excelente cirurgião disposto a abandonar o feriado a fim de operá-la, tarefa das mais difíceis e dispendiosas num primeiro de janeiro. Depois de várias horas que pareciam se arrastar, os pais já exaustos de tanta agonia, viram entrar pela porta, trazido às pressas, o melhor cirurgião plástico da cidade.

Enquanto isso, cabeça anuviada por conta do choque e dos sedativos, a menina dormia e acordava ao som de uma voz que repetia, sem parar, cantarolando em seu ouvido:

— Bem fei-to! Bem fei-to! Bem fei-to!

Deus, com certeza, lhe havia dado uma boa lição, mas igualmente a poupado de maiores sequelas: levara, afinal de contas, mais de cento e cinquenta pontos. No final, após três meses de recuperação, dores tremendas e exercícios diários de fisioterapia, voltou a ter a mão praticamente como antes, perdendo apenas parte dos movimentos do dedo médio.

Impressionante, porém, ficou a cicatriz no dedo aleijado, no formato exato de um V maiúsculo: algo que encarou desde então como um lembrete de Deus para dizer somente a verdade.

***

Pois quando ela disse sua verdade encarando a temida professora de religião, tudo aconteceu tão rápido que nem teve tempo de sentir dor. Foi imediatamente escoltada para fora da sala com a mulher agarrando-a pelo braço, debaixo de um silêncio que não disfarçava a zombaria estampada na cara dos colegas. Levada para uma sala solitária no pequeno anexo onde ficava a diretoria, foi deixada de lado por mais de cinco horas, isolada de tudo e de todos, como se sofresse de algum mal contagioso.

Só no início da noite viu pela janela o pai chegar, e também ser trancado, por horas, provavelmente levando um pito dos diretores. Já era tarde quando os dois finalmente saíram pela porta de mãos dadas, como o pai fez questão. Com esse gesto de apoio e proteção, ela percebeu claramente que ele devia ter ouvido, mas também dito poucas e boas. E foi o pai quem quebrou o silêncio, assim que entraram no carro estacionado na esquina da escola onde ela jamais voltaria:

— Sei que a responsabilidade disso tudo é minha, porque você é ainda criança e não tem ideia das coisas que diz. Eu só fico me questionando porque você é a única entre seus irmãos que se deixa influenciar pelas bobagens da Célia...

Era a mais pura verdade, pois dos quatro filhos era a única a reconhecer existência de um filho de Deus que já tivesse andado pela terra. Mas embora tivesse suas dores e carências para desabafar, ao invés de abrir-se, contar ao pai como se sentia só e desorientada no meio de tudo aquilo, se manteve calada.

— Você age como se tivesse certeza das coisas! Você fala de um jeito que às vezes me assusta, minha filha! Mas você vai crescer e ainda vai perceber o tanto de besteiras que diz...

— Mas eu sempre vou acreditar em Jesus...

— Tá bom, você tem o direito de escolher a sua fé. Mas se vai continuar insistindo nisso, não vai mais continuar nessa escola...

Quase comemorando a decisão, segurou seu grito: Oba! Era bom não exagerar, queria respeitar a tristeza que o pai demonstrava.

— Então, não volto aqui nunca mais...

— E onde você vai estudar?

— No Loyola...

— Loyola?! Mas é um colégio de padres!!!

— Hum, hum — concordou a menina, disposta a seguir Jesus por onde fosse.

***

Era um sentimento que misturava alívio e culpa. Embora estivesse feliz com a própria redenção, lia no rosto dos pais a impotência e decepção. Não detectara neles, porém, qualquer traço de raiva ao concordarem em mandá-la para os padres.

Tinha pais sensíveis e inteligentes e que talvez, lá no fundo, alimentassem alguma esperança de vê-la mudar de ideia quando mergulhasse do outro lado.

Para eles o mais importante é que ela tinha escolhido um excelente colégio, um dos mais conceituados na cidade. Famoso pela qualidade do ensino e por sua recente abertura a um modelo educacional de vanguarda, tinha abolido a rigorosa disciplina que até então aplicava. Tanto assim que passaram não só a aceitar meninas como também alunos não cristãos.

Tudo acabou acertado, a solução parecendo ideal para todos: ela em uma escola onde todos acreditavam em Jesus, aonde iria caminhando com as próprias pernas, e os pais, finalmente, com uma filha feliz e mais sossegada, sentindo-se livre para mergulhar em um novo mundo, a apenas dois quarteirões de casa.

***

Sua entrada no novo colégio não trouxe as alegrias que ela esperava. Gordinha, tornou-se logo alvo de apelidos nada gentis, como "elefante da Cica" e "colchão enrolado". Um ano depois, nas aulas de inglês, misturava sem se dar conta as palavras da nova língua com o pouco de hebraico que ainda sabia, atraindo olhares e risinhos debochados como se fosse uma ET. Para quem chegara com grandes esperanças de fazer bons amigos, era demais a decepção: até seu nome estrangeiro soava esquisito aos ouvidos dos colegas. No entanto, resistiu bravamente, sem se queixar uma só vez com quem quer que fosse, certa de que deveria arcar com o ônus das próprias decisões. Aguentou firme, muitas vezes chorando escondida, sentindo-se ainda mais só e confusa por se ver sempre tão diferente do resto da turma.

Mas a pior e mais inesperada das surpresas veio aos onze anos, quando passou a ter as esperadas aulas de religião. Sinceramente interessada, mas inconvenientemente participativa, antes do terceiro mês foi delicadamente convidada a não mais frequentar as aulas do padre, ficando irrevogavelmente dispensada de comparecer.

Chamados à escola para serem avisados da exceção aberta pela diretoria, os pais até acharam graça. Não puderam deixar de rir quando a ouviram dizendo, desapontada:

— Juro que nunca mais vou estudar religião! Deus a gente sente, não aprende nos livros de escola...

***

Era mesmo difícil a menina que aos 13 anos acabou levando o único tapa que o pai lhe deu na vida, no dia em que foi seriamente repreendida pelos padres após ser pega fumando no banheiro das meninas.

Ela e a melhor amiga já vinham se arriscando há alguns dias, indo fumar na hora do recreio. Daquela vez, para seu completo azar, foi surpreendida com a boca na botija pelo orientador, que sem qualquer aviso entrou porta adentro e as flagrou, no ato, em seu grave delito. De lá, foram direto para a sala do padre diretor, de quem ouviram um sermão duríssimo seguido de ameaças de expulsão caso aquilo se repetisse.

Tendo sua pena reduzida a três dias de suspensão, trouxe, além disso, uma carta endereçada aos pais na qual reclamavam, de forma bastante incisiva, de seu péssimo comportamento, ainda mais sendo ela uma menina. Despachada para casa antes mesmo do término das aulas, a adolescente entrou amuada, como um cachorro expulso da igreja.

Remoeu-se no quarto até o início da noite, aguardando os pais, angustiada e antecipando seu desagrado com a péssima novidade. Obviamente, sabia ter cometido uma falta grave, mas tinha esperanças de que a compreendessem, não só porque ambos fumavam, mas principalmente porque sua irmã, poucos anos antes, também tinha sido suspensa da escola acusada de estar fumando.

***

O tapa foi único e certeiro, cheio de raiva contida. Pegou no seu rosto e a atingiu por inteiro. Era a primeira vez que o pai lhe batia, e de maneira infeliz.

Por quê? — pensava a adolescente, encarando o pai sem piscar. *Por que ele me detesta tanto? Por que me trata assim e com ela é tão diferente?* — questionava, comparando-se à irmã mais velha. Não que ele fosse ruim para ela, seria injusto pensar assim. Ele sempre procurava oferecer o melhor a cada um dos filhos, mas não demonstrava por ela tanto interesse ou afinidade. Naquele dia, sentiu muita raiva. Não porque se julgava certa, mas por sentir-se preterida. Então fuzilou-o com os olhos e expressou toda a sua revolta:

— Se você bater no meu rosto de novo, algum dia, eu sumo. E pode apostar que você nunca mais vai me ver nesta vida... — Durante uma semana se fechou em tristeza, incapaz de sorrir ou dizer qualquer coisa em casa além do necessário.

Podia ver que o pai também sofria, até demais, certamente se debulhando em considerações a respeito das próprias falhas, talvez com remorso. Mas a dor que ela própria sentia era grande demais para passar por cima da humilhação e tentar, como de outras vezes, se aproximar para fazer as pazes. Queria sinceramente perdoá-lo e ser perdoada, mas a história lembrava outra, vivida cinco anos antes, e que sempre lhe voltava à lembrança em seus piores dias.

***

Aconteceu num dia parecido com todos os demais. Já era noite, e após passar duas horas de pé, sem se arredar da imensa porta vidro onde aguardava pela volta dos pais, os viu finalmente chegando do trabalho.

Sua maior alegria era tê-los por perto, mas mal eles entravam e os quatro filhos disputavam sua atenção, Célia se adiantando para falar dos problemas e má-criações do dia. E talvez porque os mais velhos tivessem assuntos mais sérios e urgentes a tratar, para a caçula quase nunca sobrava tempo ou disposição.

Querendo assistir o jornal, naquela noite o pai preferiu jantar na sala de TV, e ela que esperara tanto tempo para estar perto dele insistiu para que a deixassem comer ali também. Acabou convencendo a mãe, prometendo que tomaria todo o cuidado com o prato bem cheio de comida, cuidadosamente colocado sobre o colo.

É simples imaginar o que veio a seguir. Bastou a menina tentar partir o primeiro pedaço de carne para ver saltar o prato que dançava em suas pernas, espalhando toda a comida num voo rasante espetacular. Desastradamente, de uma só vez, arruinara toda a limpeza caprichada de Célia.

— VOCÊ É UMA PORCARIA, MESMO!!! — explodiu o pai, cujo olhar parecia lhe dizer que preferia que ela não existisse. Largou sua comida e deixou-a sozinha em prantos, se sentindo um lixo.

O resumo da ópera

Observando os fragmentos de sua infância fica difícil precisar, com exatidão, em que momento passou a julgar-se inadequada. Sentia que não era amada e nem aceita, sem valor. Imaginava-se muitas vezes pior do que os outros, apesar da natureza doce, afável, compreensiva, e especialmente amorosa.

Pouco a pouco, foi se tornando arredia e agressiva no modo de falar, até finalmente se transformar numa mulher aparentemente segura, dona das próprias verdades, porém veladamente machucada e um tanto recalcada: alguém que ansiava pelo reconhecimento alheio mas era incapaz de verdadeiramente amar e honrar a si mesma.

ESTAÇÃO III
ENCONTROS COM A SOMBRA E COM A LUZ

*Há momentos em que sinto medo, desejo
ardentemente que um anjo me apareça. Peço a
Deus por um Salvador que valide o meu caminho.
Rezo, imploro, suplico até compreender que Ele
sempre esteve bem aqui, dentro de mim, inteiro
comigo.*

Era uma mulher impetuosa na busca de seu propósito: amar e ser amada, com uma vida perfeita como a dos comerciais de margarina. Não conhecia outro modo de ser; seguia sempre as ilusões, cada vez mais perdida de si mesma, à mercê das pessoas que admitia em sua vida. O que não imaginava é que estava prestes a encarar uma força brutal e sinistra, algo que até então lhe era completamente desconhecido.

Esse primeiro encontro aconteceu na velocidade de um segundo, quando olhava o belo horizonte distraída, pela janela do apartamento que acabara de comprar. No décimo segundo andar, perdida nos pensamentos que remoía, foi surpreendida pelo forte impulso de saltar. E sentiu tão violentamente a sugestão que deu um pulo para trás, eletrizada. Acabou caindo de costas e sendo amparada pelo sofá, onde ficou sem se mexer por longas horas, tomada do pânico de atentar contra a própria vida.

Jogada ali, com medo até de pensar, via-se atropelada por um turbilhão de ideias nunca antes imaginadas. *E se um dia se descobrisse capaz de se jogar?! E se passasse a pensar em suicídio? E se chegasse o dia em que tentaria? Quem era aquela, que ela não conhecia? Como lidar com essa força? Quantas batalhas interiores ainda teria que vencer?*

Jamais se imaginara como potencial suicida. Mas diante da sensação de estar na ponta do abismo, teve que encarar os próprios cantos sombrios e desconhecidos.

***

Muitos dos que a cercavam não tinham ideia do que se passava. E como poderiam, se ela era aparentemente feliz, praticamente um modelo de sucesso? Até onde podia se ver, era uma mulher bonita, saudável, sorridente e carismática, com uma carreira invejável. Não lhe faltava uma fila de namorados ou pretendentes, bastava que deixasse um para logo estar com outro.

Olhando de fora, parecia levar uma existência colorida e vibrante, um estilo de vida com o qual muitos sonham. Então, que razões justificariam tamanha dor e vazio, para os quais não havia remédio? O que, afinal, a fazia sentir-se tão profundamente inadequada, a ponto de compreender o desespero dos suicidas e pedir aos céus, inúmeras vezes, que a levassem enquanto dormia?

Mas finalmente chegou o dia em que ela se viu do outro lado, reconhecendo-se tão divinamente abençoada que se sentia renascer. Era como se tivesse atravessado uma ponte invisível, sustentada gloriosamente pelas asas da fé.

***

Tinha vencido a pior etapa da depressão. E agradecia aos céus por experimentar a alegria de estar viva quando se sentiu literalmente tocada por Deus, algo tão súbito e inusitado quanto o seu encontro com as sombras, a começar pelo cenário onde tudo aconteceu. Não estava em uma igreja, sinagoga ou qualquer outro espaço consagrado à oração, e sim no banheiro de casa, humanamente sentada no vaso, despida de todo ego e pretensão.

Fumava calmamente um cigarro em meio aos pensamentos, que espiralavam como fumaça, quando entendeu que um imenso bem existe até nas piores coisas. *Obrigada, Pai! Obrigada por me mostrar o seu amor em tudo. Obrigada por eu ser quem sou e por me sustentar até aqui...*

Ela sabia do que falava. Afinal, quando submersa em seu buraco escuro, não apenas questionara a existência de um Deus como o culpou por cada rosto faminto, por toda tragédia e injustiça no mundo. E bastou se lembrar de problemas bem maiores que os seus para imediatamente se envergonhar. Sentiu-se egoísta por ocupar tanto o homem lá de cima, enquanto tantos aqui embaixo sofriam horrores de todos os tipos.

Me perdoa, Pai querido! Sei o quanto exijo sua presença e agora me envergonho! Mas como é possível, Pai, que entre tantos, você sempre tenha tempo para estar comigo? — foi às lágrimas com esse pensamento, pois se sentiu inundada instantaneamente pelo amor de Deus. Teve o poderoso vislumbre do quanto a sua vida era insignificante, mas, ao mesmo tempo, tão importante para Ele.

Há muito tempo tinha deixado de pensar Deus como um senhor velhinho de barba e cabelos brancos. Ainda insistia, porém, em tentar lhe adivinhar a face e o modo milagroso como operava: *Me diz, Pai, como é você? Como pode estar em todo lugar, junto de cada um? Como posso te sentir assim, tão vivo e perto de mim?*

Após dois anos se esgueirando pelas sombras da depressão, finalmente experimentava uma paz libertadora. E que poder misterioso era aquele que emanava da fonte, saindo não se sabe de onde e que a tomava por inteiro? Uma sensação tão leve e amorosa que a fez se entregar ao momento, sem querer pensar mais. Manteve a mente em suspenso até encontrar uma serenidade tão profunda que anulava qualquer pensamento.

Seria impossível precisar em que espaço se encontrava, que era tudo e ao mesmo tempo era nada. Foi dali que se viu despertar. Começou com uma explosão a chama que queimava em seu peito. Vinha de um lugar impreciso, como se uma porta se escancarasse em seu coração. Vieram então as ondas de choque que a varreram inteira, correndo em todas as direções, dos pés à cabeça. O *insight* a atravessou como um fogo, tão poderoso quanto fugaz:

— Deus está em mim?

Era uma percepção vívida, sem palavras, como uma centelha elétrica.

— Você mora em mim, Pai? Dentro de mim?

Epifania. Entendimento. Revelação. Deus a havia tocado, literalmente, com seu fogo sagrado.

— DEUS EM MIM?! — Agora era a mente tentando reagir, reassumir seu controle e plantar dúvidas em sua cabeça, gritando que tudo aquilo não passava de devaneio. — Obrigada, obrigada, Deus amado... — repetia, aceitando a pura verdade revivida, o calor vibrante que a aquecia.

Estação IV

O começo do entendimento

Deus está em tudo, em todas as coisas,
apenas esperando por mim para se manifestar.

Viciada como era no trabalho de desatar os intrincados nós da comunicação, não conseguia mais parar de esmiuçar a mensagem de Deus. O que ele pretenderia dizer com aquele "Eu estou em você", claramente manifesto em sua linguagem sem palavras? Ela acreditava, sem ressalvas, na experiência vivida, mas era difícil encarar a compreensão perturbadora, intrínseca ao próximo degrau de percepção: *Se Deus está em mim, então sou Deus também...*

Ela entendia o conceito. Mas entender é uma coisa, aceitar é outra. Principalmente porque ser algo que julgava não lhe caber. *Eu? Deus também?! Como assim, Senhor? Como posso ser Deus sendo tão pequena e cheia de fraquezas?*

Acabava de entrar no chuveiro e a água morna acariciava seu corpo, um simples, mas enorme prazer.

Ok! Sou Deus, experimentando o que é ser humano... Mas por que Deus, sendo tudo o que é, iria querer experimentar ser humano? — continuava se questionando, sem perceber o quanto desdenhava a própria condição. Não apenas dava pouco valor à sua humanidade, mas desmerecia toda a criação divina. Afinal, sempre que pensava em Deus o imaginava um ser perfeito; enganava-se, porém, quanto aos próprios conceitos de perfeição.

O aroma do sabonete favorito chegou delicioso às narinas, criando uma nova festa para os sentidos. Foi tão grande a satisfação que ela entendeu, instantaneamente, o que o coração explicou: *a matéria oferece sensações mundanas, mas tão divinas... Algo que somente encarnados podemos experimentar.*

Sentir... Texturas. Sabores. Comer, beber... Tocar, beijar, abraçar. Caminhar, dançar, cantar, dormir, acordar. Nascer, crescer, envelhecer. Ter uma identidade, um rosto, um sonho a ser materializado... Como podia subestimar o próprio milagre da experiência? A capacidade divina de dar forma à vida?

A perfeição está em tudo... — Era a voz interior falando novamente. Num impulso, resolveu anotar a frase o mais rápido que pudesse, com medo de perdê-la entre os pensamentos que borbulhavam. Saiu do chuveiro imediatamente, e com o batom que encontrou na bancada da pia anotou o texto no espelho esfumaçado.

Era tarde da noite quando voltou para casa e encontrou a frase escrita pela manhã, "a perfeição está em tudo" ainda sussurrando, pintada em vermelho, o texto se sobrepondo à imagem da mulher que se via, emoldurada pelo retângulo do espelho.

Parecia um quadro, um outdoor em menor escala. O texto a convidava a se enxergar melhor.

ESTAÇÃO V

A RECONSTRUÇÃO

Agradeço a todos os nãos que recebo,
pois me levam pelos caminhos do sim.

Experimentar os efeitos da fagulha divina certamente revirou suas antigas crenças de pernas para o ar. Não lhe trouxe, no entanto, maior sabedoria, não da noite para o dia. Vendo-se cada vez mais confrontada em sua cômoda posição de aguardar um Salvador, passo a passo ela foi descobrindo que se algo havia a ser mudado no mundo era, antes de tudo, ela mesma.

E que brilhante estratégia a de Deus! Quem mais poderia criar algo assim? Sem suspeitar de que finalmente estava sendo chamada a cumprir seu trato maluco, feito há tantos anos dentro daquele ônibus noturno, iniciou às cegas aquilo que a escritora se diverte em chamar "o *test-drive* da campanha divina".

A estrada era desafiante. E a verdade é que ela não tinha ideia de que já estava bem no meio do caminho.

É antes do alvorecer que o céu se mostra mais escuro

Imensas mudanças começaram a acontecer após a morte da mãe. Desde criança temera demais aquele momento, algo que só de pensar a deixava em desespero.

Quando aconteceu com o pai, onze anos antes, sofrera demais. Mas entre duas cirurgias, três infartos e os inúmeros sustos por que ele passou, pôde ir se preparando aos poucos para a difícil perda. Com a mãe não aconteceu assim. Foi pega de surpresa, não só pela partida inesperada, mas pelo modo terrível como aconteceu. De repente, a amada agonizava em seus braços sem que ela nada pudesse fazer. Perdia definitivamente sua melhor amiga, referência, ponto de equilíbrio, exemplo, força, segurança, esteio.

Com o vazio absoluto deixado pela ausência da mãe sentiu-se abandonada no mundo. Desejou ardentemente possuir a própria família, e o mais urgente possível, chegando a considerar seriamente a possibilidade de adotar uma criança.

Com esse espírito, logo se apaixonou novamente. Estava com quarenta e dois anos, e contra todas as probabilidades, agravadas por uma quase dezena de miomas no útero, acabou engravidando no dia seguinte após o término de uma menstruação.

Ela não escondia o quanto desejava um filho, um marido, uma família. Porém, nas circunstâncias em que engravidou, jamais poderia ter armado aquilo; o namorado, no entanto, a rechaçou, não apenas com a acusação agressiva de ter planejado a gravidez, mas tentando, de todas as maneiras, convencê-la a fazer um aborto. O que ela sonhava construir com ele, acabou ali. Mas o vazio se fora. Uma nova vida a alimentava por dentro.

Ninguém mais seria capaz de lhe arrancar um filho, nem tampouco tirar sua paz. E decidida a lutar por isso, embora evitasse qualquer mentira, viu-se dizendo a ele, por telefone, que havia perdido o bebê.

Quatro meses mais tarde, a mentira acabou se tornando verdade, quando ela sofreu um aborto por causas naturais. Caiu de cama por uma semana, enlouquecida de dor.

***

Há cinco anos era diretora de criação numa agência onde depositava, diariamente, toda a sua energia. Era mesmo dedicada, nunca faltando a qualquer compromisso profissional. Jamais fazia corpo mole ou atrasava o serviço. Não levava os problemas pessoais para o trabalho, mostrando-se sempre pronta e disponível, mesmo em férias. Chegara ao cúmulo de atender o patrão quando este, se desculpando, garantiu que precisava dela trabalhando em uma concorrência durante todo um fim de semana, dois dias depois da morte da mãe.

Era a primeira vez que ela dizia não, não e não nas três vezes em que ele telefonou. Tinha sofrido o aborto há dois dias e se sentia dilacerada. Emocionalmente esgotada e fisicamente doente, tinha sido colocada pelo médico em sério repouso. Ainda assim, o patrão ligava sem parar. Insistia em convocá-la para uma reunião com um novo cliente. Tinha porque tinha que criar urgentemente uma campanha para vestibular. Manteve-se firme, relatou suas péssimas condições, assumindo-se incapaz de trabalhar. Pediu que a esquecessem por aquela semana. Aos berros, sem a menor consideração por seu estado ou o mínimo reconhecimento por tudo o que tinha feito na empresa, ele a acusou de ser irresponsável, egoísta, exagerada, diagnosticando seus males como frescuras. Como se não bastasse, soltou uns bons palavrões antes de desligar o telefone na cara dela.

***

Pouco depois, quando ouviu o telefone tocar, pensou que fosse o patrão. Já o imaginava arrependido, sem graça, pedindo mil desculpas pelas asneiras que disse: além da cabeça quente, ele mostrava, com frequência, um coração do tamanho de um bonde. Embora estivesse magoada, certamente o perdoaria, cuidando também de se recuperar para estar a postos na próxima semana.

Mas não, não era ele ao telefone, e sim outra porta se abrindo: um antigo cliente a convidava, mais uma vez, a deixar a agência para trás e vir trabalhar com ele. Queria que ela assumisse a diretoria de marketing e para convencê-la, além de oferecer um ótimo salário e condições excepcionais de trabalho, lhe daria um mês inteiro antes de começar, tempo que ela aproveitou para se recuperar, pedir demissão da agência, viajar, relaxar e colocar as ideias em ordem antes de encarar a nova empreitada.

Durante anos, ele expressara o desejo de tê-la efetivamente em sua empresa. E finalmente ela estava lá, assumindo o marketing do curso de inglês e o planejamento de comunicação dos cem franqueados espalhados pelo país. Naquele momento, o novo desafio lhe parecia um bálsamo. Após vinte anos em agências de propaganda, se daria a oportunidade de renovar seu ambiente de trabalho e também suas velhas rotinas.

Chegou entre pompas e expectativas dos dois lados, comprometendo-se a permanecer na empresa por pelo menos dois anos, prazo em que deixaria o confuso e capenga departamento de marketing organizado, bem estruturado, absolutamente em dia. E assumindo centenas de afazeres como se compromisso pessoal fossem, mergulhou mais uma vez no trabalho. Sem supor que se jogava num poço enlameado de pretensões veladas, acintosas mentiras e vaidades inescrupulosas, pulou de cabeça no novo e estranho ambiente.

Cronologia dos sonhos

A semana tensa chegou trazendo sonhos incomuns, profundos, deixando-a com a sensação de um alerta emitido. Algo perturbador parecia prestes a acontecer, e a intuição aconselhava que estivesse preparada, buscasse toda a sua coragem para passar pelo que viria. *Mas o que mais pode acontecer comigo?* — se perguntava, alarmava.

A primeira viagem a levou para um breu. Não havia céu e não havia terra; era apenas o lago fundo e escuro onde estava mergulhada. E embora o cenário se apresentasse misterioso, com tons que davam medo, ela nadava sem receio, consciente da bravura que demonstrava. *Mas que lugar é esse? E como posso estar aqui sozinha, nadando, destemida?* — se espantava com a própria ousadia e experimentava uma coragem libertadora. Dispunha-se até a boiar! Como se fosse parte da fonte que a abraçava, como se nenhuma gota daquelas águas fosse separada dela mesma.

Nadou pelas águas sombrias até vê-las clarear ao amanhecer do dia e encontrar pequenas ilhas cobertas de florzinhas singelas, de intenso multicolorido e incrível beleza. De repente, surgindo das profundezas e erguendo-se de uma só vez acima das águas, um imenso cristal azul violeta revelou-se à sua frente. Era um quartzo fenomenal que a atraia para nadar à sua volta, sentindo o poder da fonte que a lavava não por fora, mas por dentro.

***

Duas noites depois, ela se via na própria cama, aninhada nos braços da mãe como um bebê. Sentia a amada tão próxima, tão ao seu alcance, que parecia ter voltado à vida. Era real a pressão do abraço, a força do corpo que a sustentava firmemente junto ao peito, proteção e carinho que ela guardaria para sempre na memória, pois o dia amanhecia e a mãe lhe dizia que estava na hora de voltar para o seu mundo.

Acordou sentada na cama, aos prantos, gritando, realmente suplicando que a mãe não a deixasse mais.

***

E lá estava ela, desta vez à margem de um gracioso riacho. Entregue à bucólica beleza, podia ouvir a música tocada pelas águas brilhantes, tão transparentes que revelavam não só as marcas em seu leito, mas também as pequeninas pedras coloridas sobre a areia, cenário perfeito para se deixar ficar.

Mas, de repente, já não estava sozinha. Surgindo por entre as árvores antigas que seus olhos agora revelavam, via se aproximar um magnífico cavalo branco montado por um menino em trajes de pajem. Ela certamente aguardava por ele, pois logo ele lhe entregou um precioso manto carmim, junto ao mais belo botão de rosa branca que poderia imaginar.

Acordou tentando compreender o significado de tudo aquilo. No mesmo instante, entendeu que o manto que a protegeria era o puro amor. E que a rosa branca, simbolizando pureza e verdade, seria a sua espada dali em diante.

De volta à realidade

Aquela semana tinha sido especialmente marcante. Não só por causa dos sonhos, mas porque faltavam pouco mais de dez dias para o evento mais importante da empresa, o congresso anual da rede de franqueados.

O frenesi e o estresse se espalhavam como epidemia pelos departamentos do franqueador, já que o planejamento e as futuras ações de cada setor seriam apresentados, em grande estilo, aos maiores interessados. Ela, no entanto, por estar com a pauta em dia e os trabalhos para o congresso praticamente concluídos, mostrava uma calma irritante. Isso, graças aos sábados, domingos e feriados virados ao longo de três meses, para evitar a ansiedade e o imenso receio de falhar.

Suas ideias tinham sido aprovadas com entusiasmo pela presidência, e era de se esperar que sua palestra no congresso fosse impecável. Mas dez dias antes do grande acontecimento, o diretor financeiro convenceu seu chefe de que ela deveria passar antes por uma avaliação, já que seria sua primeira vez no evento.

Sem noção do que realmente a aguardava, foi a única a fazer uma apresentação prévia: uma arapuca armada. Sem ensaio, totalmente despreparada para o show que esperavam dela, foi julgada pelo diretor crítico e debochado. E ao ver o presidente da empresa fazendo coro, contaminado pelas intenções destrutivas do outro, sentiu seu ego pisoteado. Humilhada diante dos colegas convocados como plateia, recebia, sem acreditar, o sorriso de escárnio do patrão. E sendo ele um tanto baixinho e com ares de amalucado, parecia um Nero atiçando fogo à própria empresa.

Mas que tipo de ambiente era aquele? — ela se questionava. Por que demonstravam aquele incrível prazer em afirmar que ela não era assim, tão competente? Por que a açoitavam, se ela tinha colocado em dia, num prazo de apenas nove meses, solicitações que se arrastavam por anos antes que ela chegasse?

Com as mãos nervosas escondidas debaixo da mesa, contava nos dedos os quinze meses de contrato que ainda teria pela frente.

***

Ao término do evento, os franqueados deveriam avaliar o desempenho de cada departamento. Antes, porém, que o congresso chegasse ao fim, ela colheu os louros da vitória. Por ironia do destino, aqueles que a tinham obrigado à exposição prévia não cuidaram dos próprios assuntos com a mesma energia com que a criticaram.

Manhã da segunda-feira seguinte ao congresso. Depois de três dias intensos, os funcionários se reuniam novamente para uma sincera avaliação interna do evento. Era visível o mal-estar no rosto de cada um, e embora ela se sentisse aliviada e em paz consigo mesma, partilhava o prazer pessoal com uma incômoda tensão, pois ouvira sérias reclamações de franqueados quanto ao desempenho da empresa e, principalmente, seu presidente. Teria que falar a respeito, porém o faria sigilosamente, guardando os assuntos delicados para a reunião com a diretoria agendada para mais tarde, a portas fechadas.

Sentado à cabeceira da mesa, sem consciência das próprias falhas, o presidente deu início à reunião afirmando que considerava o encontro um sucesso. Nessa altura, ela pensava se estaria variando; mas não, todos os presentes tinham estado lá, a maioria assistindo vexada aos mesmos desastres. Ninguém a convenceria com aquela conversa. Bastou, porém, o chefe se mostrar condescendente com tudo para aliviar bastante o clima.

Ao seu comando a reunião prosseguiu, até o momento em que cada funcionário deveria tomar a palavra, incluindo uma autocrítica do próprio desempenho. Eram umas quinze pessoas apertadas em volta da mesa, ela bem à frente do diretor financeiro; calado e imóvel como não era de seu feitio, ele olhava para baixo e apertava os maxilares, remoendo uma insatisfação raivosa e, provavelmente — imaginava ela —, pesadas críticas. Isso, fora o *mea culpa*, é claro! Afinal, não só tinha sido prejudicado pela apresentação anterior à sua como por sua péssima atuação.

Sendo o braço direito do presidente, foi o primeiro convidado a falar, mas se esquivou agressivamente: preferia ouvir os outros, dando a palavra à mulher ao seu lado, a diretora mais antiga e paparicada da casa. Trazido por ela à empresa, nem mesmo o diretor financeiro ousava desafiá-la. Ela, no entanto, apenas reiterou o que já dissera o presidente e nem mesmo afirmou que estava feliz com o desempenho do próprio departamento.

A diretora de marketing lamentou profundamente; a outra poderia, pelo menos, ter se desculpado por extrapolar em duas horas seu tempo de apresentação, o que levara o diretor financeiro a iniciar sua palestra já no final do dia, custando a segurar os franqueados com sua cansativa e decepcionante apresentação. Era a próxima a falar. E bastou o presidente lhe passar a palavra para a raiva do diretor financeiro começar a borbulhar. Podia sentir a energia colérica vindo em sua direção, mas considerou, tranquilamente, os avanços de seu departamento, comprovados pela aprovação dos franqueados.

Inquieto na cadeira, o homem se remexia. Parecia querer pular em seu pescoço. E como ela pretendia ser rápida, encerrou logo, não sem antes agradecer às críticas que recebera na prévia, ressaltando que graças a elas se esmerara em fazer bonito na hora H.

Ela sabia, obviamente o que seu comentário provocaria. Estava decidida a nunca mais ser agredida, mas o ataque se seguiu de qualquer maneira. Tomando a palavra sem nem mesmo ser convidado, o diretor explodiu com o dedo em riste para ela:

— Foi por sua culpa que a minha apresentação foi o que foi!

O silêncio foi imediato. Perplexidade geral. Nem o presidente disfarçou seu espanto com tamanho disparate. Ela, por sua vez, tentava digerir o significado. Não tinha dificuldade em compreender a decepção do outro, apesar dos defeitos um profissional dedicado e bastante competente. Sabia também que ele tinha se esforçado na pesquisa de mercado apresentada no congresso e o quanto aquilo representava para quem pretendia debutar no marketing: sim, porque o homem, já próximo dos cinquenta, pretendia migrar do financeiro quando terminasse a pós-graduação. E ela o apoiara nisso, mesmo porque se preocupava com o futuro da empresa e dos franqueados, e via nele seu sucessor natural ao fim do contrato que a prendia.

— Não estou entendendo... — disse ela em voz baixa, branca como a folha de papel pousada na mesa. Sua luta agora era para se controlar, pois sabia muito bem o que acontecia quando estava armada.

— FOI POR SUA CAUSA QUE A MINHA APRESENTAÇÃO COMEÇOU TÃO TARDE! FOI POR SUA CULPA QUE TIVE QUE APRESENTAR TUDO ÀS PRESSAS, PREJUDICANDO TODO O TRABALHO QUE FIZ! — gritava ele, quase encostando nela o dedo empertigado.

Como ele ousava acusá-la? Como podia, se todos tinha visto exatamente o que acontecera? Como negar que ela tinha se apresentado de manhã, cumprindo rigorosamente os sessenta minutos aos quais tinha direito? E que o pequeno atraso de sua palestra se devera única e exclusivamente ao departamento de informática, que tivera problemas com o equipamento? Estava ali, no entanto, um covarde: incapaz de acusar diretamente a diretora mais antiga, buscava nela um saco de pancadas e motivo de inveja. Sim, ela agora decifrava as sombras e também os métodos. Maquiavélicos! Certamente ele arquitetara agredi-la para que a verdadeira culpada saísse em sua defesa e assumisse, por livre vontade, sua parte no fiasco.

Pois foi ela quem teve ímpetos de bater. Já sentia sua boca entortar, como se sofresse um derrame. Mas era ira pura o que sentia, e quando todos se deram conta, já tinha se levantado, praticamente avançado sobre a mesa e jogado seu corpo inteiro contra ele.

— Eu não vou admitir que você fale assim comigo, está me ouvindo? — urrava ela, a um palmo do rosto dele. — Se está com raiva, se sentindo frustrado, eu até compreendo. Mas não tente me culpar!

Não admitiria ser usada porque ele não tinha coragem de acusar os verdadeiros responsáveis! — Parada ali, a um centímetro do rosto dele, aguardava apenas que ele abrisse a boca novamente. Mas o viu se afastando, recuando e se encolhendo em sua cadeira, talvez com um medo real de ser fisicamente agredido.

Teve dificuldades para se despregar do lugar onde fora parar. E só conseguiu fazê-lo quando uma mão interveio, puxando-a delicadamente de volta para a cadeira: era o presidente, que finalmente tomara fôlego para interferir, mas que sem coragem de assumir sua posição jogou panos quentes e urgentes sobre o fracasso de sua direção:

— Olha, gente, acho que estamos todos cansados pelo trabalho e tensão, então vamos remarcar essa reunião para outro dia, está bem?

Desabada sobre o assento, vendo todos evaporarem da sala, ela ainda sentia os efeitos da adrenalina que a ensandecia e a mão da assistente segurando a sua.

***

Bastou que reunisse forças e se arrastasse cambaleante rumo à própria mesa para começar a receber visitas rápidas e sorrateiras. A procissão durou até o meio-dia. Muitos sussurravam palavras solidárias, dizendo-se orgulhosos de sua atitude. Parecia ter sido o seu grande show, maior ainda do que o que havia dado no congresso. E não é que antes mesmo que ela saísse para o almoço o diretor financeiro lhe dirigiu um sorriso?!

Fosse um sorriso irônico ou desafiador, ela nem teria se incomodado tanto. Mas o que definitivamente a chocou foi perceber que ele sorria encantadoramente, como se nada tivesse acontecido. O almoço foi indigesto, um ruminar de novas e velhas angústias. E pouco a pouco a dor de cabeça e a falta de energia substituíram a força explosiva. Incapaz de voltar à empresa naquela tarde, tomou o rumo de casa e avisou por telefone que não retornaria. Precisava como nunca de recolhimento, de paz, de Deus dentro de si. Precisava reencontrar a si mesma.

E antes que a noite chegasse, se encarou no espelho com a decisão tomada: na manhã seguinte, logo cedo, comunicaria sem arrependimento o seu desligamento da empresa.

***

Acabou chegando bem mais tarde do que pretendia. Ao invés de cronometrar o tempo, não se apressou no ritual matinal. Preparou e degustou seu café com calma, tomou um longo e delicioso banho, atravessou andando as quadras que a separavam da empresa curtindo cada parte do caminho. Já passava das dez e meia quando atravessou o saguão e subiu diretamente para a sala do presidente.

O patrão já a esperava e respondeu ansioso. Pediu que ela entrasse imediatamente, parecendo sinceramente aliviado em vê-la.

— Nossa, que bom que você chegou! Achei que você nem viesse hoje... — disse ele a abraçando. — Fiquei preocupado, achei que você ia ter um troço, menina! Você ficou verde, nunca vi aquilo, achei que era um derrame... — arrematou, já rindo aliviado, achando a maior graça.

— É... Faço uma ideia... — respondeu ela, procurando a cadeira para se sentar e se despedir.

— Olha, eu sei que foi muito difícil pra você, mas já conversei com ele. Ontem mesmo, logo depois de tudo. Eu o trouxe pra cá e fui duro, muito duro com ele. Falei que não vou mais admitir essas atitudes. Que o que ele fez com você foi um absurdo! — desculpava-se o presidente.

Mas ela não queria mais nada. Além do mais, percebera que o patrão não tinha controle sobre o outro: dependia dele para respirar, poderia até relutar, mas sempre acabaria cedendo ao gênio dele. O diretor financeiro não era apenas um gestor, mas um mal necessário para alguém que já não queria se dedicar tanto ao negócio que tinha construído.

— Me desculpe a sinceridade, mas você precisa muito dele...

— Mas também não quero te perder, você é uma profissional maravilhosa e eu... Sei que entre muitas qualidades, você sempre mostrou humildade... — tentou argumentar.

— Sim, é verdade. Mas humildade é uma coisa, e dignidade é outra bem diferente — considerou ela, encerrando a conversa.

Estação VI
O Tapete Mágico

A intenção se revela nos resultados.

A o abrir a última caixa da mudança, retomando os pertences encaixotados sete meses antes, desabou num pranto sentido e demorado. As lágrimas rolavam livres, ora pelo imenso cansaço acumulado, ora por gratidão pela nova morada. Era a terceira mudança de apartamento desde que largara o último emprego, tudo acontecendo rápido e acarretando mudanças surpreendentes.

Aos quarenta e cinco anos, enfrentava pela primeira vez um retumbante fracasso profissional, que a fazia compreender o quanto fora pretensiosa ao se julgar uma vencedora incondicional: uma ilusão que a levara tão longe a ponto de entrar desavisada num mercado que não conhecia, criando de um dia para o outro uma empresa de bijuterias.

Nos últimos dois anos, tinha extrapolado sua energia e poupança investindo tempo e dinheiro num projeto que não decolava. E mesmo trabalhando como um camelo encontrava agora, sem água, o fundo do poço. O esperado era que chorasse de tristeza, frustrada ou arrependida por ter feito o que fez. Mas não, ela era toda gratidão. Percebia a mão que a conduzia e mesmo sem mais do que alguns tostões na bolsa, estava se instalando em seu novo apartamento, bem maior e melhor do que o que possuía anteriormente. O imóvel tinha sido comprado e totalmente quitado, o que era no mínimo surpreendente. Quem sabe, talvez, um milagre?

***

O pequeno apartamento já não comportava tantas atividades. Transformado em frenética oficina, já abrigava seis artesãs amontoadas no espaço para lá de apertado, com todos os cantos atulhados de matéria-prima.

Mudar de endereço era imperioso. Além do mais, tudo se mostrava tão promissor que ela não teve dúvidas em bancar o crescimento do projeto que iniciara depois de um sonho, pouco depois de pedir demissão.

Saiu sem olhar para trás e sem querer nunca mais ver publicidade à sua frente. Ainda pensava no que faria para viver quando sonhou com o colar do qual pendia um único cristal verde. Não demorou até encontrá-lo exatamente igual, numa loja no centro da cidade. E de posse do cristal, mesmo sem nunca ter feito bijuterias antes, executou o colar tal qual havia sonhado, uma surpresa: para ela e para as amigas, que acabaram se apaixonando por aquele estranho artefato, fazendo-a reproduzir e vender dezenas deles sem qualquer dificuldade.

Durante três meses, ela viveu assim, experimentando a liberdade de uma vida boa e tranquila, sem qualquer tipo de pressão. Era como se voltasse a ser criança, brincando de enfeitar suas bonecas Suzy e ainda faturando, sem tocar na poupança. Sentia-se tão solta, feliz e gratificada, que agora queria mostrar a quantas pessoas pudesse as delícias de um novo caminho. E convidou dona Hilda, sua faxineira de 59 anos, para ajudá-la a produzir uma crescente coleção de bijuterias.

***

Tudo parecia caminhar muito bem, e sendo assim, decidiu bancar o sonho por completo: fundou uma grife de bijuterias que recrutava e preparava mulheres com poucas oportunidades de trabalho e as transformava em artesãs. Sem espaço para crescer, alugou uma cobertura sensacional nos arredores da cidade, com vista para um cenário deslumbrante.

O mundo parecia lhe sorrir. Bem acolhida por produtores de

moda e pela imprensa especializada, sua empresa dava mostras de engatinhar rumo ao sucesso. Durante aquele ano manteve a grife como se fosse dez; criava, ensinava, fazia compras, produzia e vendia, tudo ao mesmo tempo. Mas a realidade do mercado acabou lhe mostrando que andava na contramão de suas reais possibilidades: para atendê-lo deveria produzir inúmeras coleções a cada temporada, bancando todos os investimentos e consignando a mercadoria, um tiro no pé de quem pretendia viver serenamente, criando produtos com conceitos atemporais. A esta altura, sua poupança era menos de um décimo de quando começara, o que a obrigou a mudar-se novamente. Sua vida girou cento e oitenta graus. Mudou-se para o apartamento do irmão.

De mãos dadas com Miguel

Quando viu a expressão dos encarregados da mudança entrando no apartamento com a primeira leva de caixas, leu o ar de condolências no rosto deles. Comparado à cobertura de onde acabava de sair, a queda de padrão era acentuada.

A única beleza indiscutível era um pedaço de céu. Como o irmão deixara o imóvel mobiliado, ela amontoou todos os móveis num único quarto. Não chegou sequer a abrir as caixas, que deixara empilhadas durante sete meses desde a sua chegada. Mas agora o irmão telefonara para avisar que voltaria, não dali a cinco meses como previsto, mas em poucos dias. Haveria de querer o apartamento de volta, ela entendia. Deveria procurar, urgentemente, outro lugar para se instalar.

De repente, não tinha para onde ir nem poderia voltar para trás. Seu pequeno velho apartamento estava ocupado e seria desastroso para ela arrancar de lá a amiga para quem o alugara sem prazo definido, uma solução impensável. Ao mesmo tempo, seus recursos eram tão escassos que qualquer mudança, e qualquer aluguel, acabaria arrombando a rapa do seu caixa.

Era no que pensava quando deu de cara com o outdoor recém-colado, a mulher sorrindo feliz anunciando o lançamento de um imóvel simples, de três quartos, no mesmo bairro do irmão.

Seu apartamento era pequeno, mas bem localizado — lembrou. *Quem sabe vale o preço de um três quartos por aqui? Mas e a minha amiga, como é que fica?! Quem vai querer comprar um apartamento alugado?* — se debatia, antevendo os incômodos obstáculos que certamente encontraria.

A despeito de toda a racionalidade, sua intuição gritava. E levou-a direto ao pequeno apartamento em cuja portaria deixou um aviso, colocando o imóvel à venda.

***

Trinta minutos depois ela tentava, aflita, abrir a porta de casa. Podia ouvir o telefone tocando, mas a chave insistia em brincar de esconde-esconde, sumida no fundo da bolsa.

Aguardava há dias a resposta de uma famosa confecção — sua maior cliente —sobre a nova coleção que ela havia criado sob encomenda, dois meses antes. E quando finalmente conseguiu entrar, e atender antes que desligassem, ouviu com enorme tristeza o não que tanto temia.

Assim foi por água abaixo o restinho de esperança de salvação para o barco que de forma quixotesca ela capitaneava. *Como aquilo tudo podia estar acontecendo? Por que, Deus, se ela tinha sido movida pelas melhores intenções, certa em sua fé de que não estaria sozinha?* — se questionava.

Nesse instante, nesse exato momento, o celular tocou: era um número que ela não conhecia. Ouviu a voz do seu vizinho de frente, dizendo que compraria o pequeno apartamento imediatamente e não se importaria nem um pouco de mantê-lo alugado para a amiga por mais um ano. E ainda pagaria à vista, em espécie, pelo preço de mercado, em no máximo uma semana.

***

Se fosse possível resumir numa única metáfora a vida que ela andava levando, provavelmente um caleidoscópio seria a escolha mais acertada. Indo ao encontro do despachante para as transações de venda do seu apartamento, acabou parando do outro lado da cidade.

Estando lá, e mais disposta do que nunca a seguir sua intuição, quando se deu conta já entrava curiosa em uma imobiliária: queria ter uma ideia do tipo de apartamento que poderia comprar naquele bairro. Embora não tivesse grandes valores a oferecer, despejou inúmeras demandas e altas exigências quanto às características do imóvel que pretendia comprar.

Naquela região, porém, afirmou-lhe o vendedor sem disfarçar a impaciência, não encontraria nada que a agradasse dentro de suas poucas possibilidades. E logo tratando de empurrá-la para outro que tivesse mais boa-vontade, pediu a um colega que lhe mostrasse outras opções pela cidade.

Mike. Era o nome do jovem e solícito rapaz, que a atendeu como se ela possuísse todo o dinheiro do mundo. Mostrando seu enorme sorriso, a primeira coisa que perguntou foi em que bairro ela gostaria de morar. Ela tinha a resposta na ponta da língua, o que alargou ainda mais o sorriso aberto do moço, que lhe confessou, animado, que o pai também era corretor, felizmente numa imobiliária naquela região. Disse com segurança que seria um excelente contato, pois conhecia todos os apartamentos à venda naqueles lados e certamente a levaria ao melhor possível.

— Que ótimo! Ainda bem que entrei aqui! Te agradeço demais a indicação... E qual é mesmo o nome do seu pai? — ela foi logo perguntando, já com agenda e caneta na mão.

— Miguel... — respondeu ele.

— Nossa! Com esse nome de anjo, então, tenho certeza de que ele vai me socorrer! — disse ela sorrindo, absolutamente eufórica com a incrível magia que sentia no ar.

Ouvindo aquilo, Mike quase gargalhou, sabendo que provavelmente ela se espantaria ainda mais.

— Pois é... O nome dele é Miguel Arcanjo... — prosseguiu o moço, sem pestanejar.

— Você só pode estar brincando comigo... Jura?! — questionou ela, pois só podia ser piada. Mas não era. Ao ler o cartão de visitas entregue em seguida leu o telefone, o endereço e o nome impresso com todas as letras: Miguel Arcanjo.

***

Naquela semana, conduzida por Miguel, comprou seu novo apartamento. O encontrou zerinho e muito bem localizado, além de suas expectativas.

Embora o valor estivesse bem acima de suas reais possibilidades, o imóvel foi vendido com prazer e alívio pelo ex-casal de noivos que havia desistido na última hora do casamento. Tudo o que queriam era se libertar do passado, ainda amarrado ao apartamento que tinham comprado juntos e já colocado à venda há quase um ano. Como ela pagaria à vista, em dinheiro, no dia seguinte, aceitaram a proposta na hora, mesmo por vinte por cento menos do que o valor pedido a princípio.

Tendo quitado casa, corretora, tributos e despesas da mudança, ela agora não possuía dinheiro algum. Paradoxalmente, era dona de um tesouro: a confiança absoluta de que, independente das aparências, nunca estaria sozinha.

Estação VII

Onde há amor o amor se encontra

Sinto em meu coração que não há um só sonho que não possa se realizar. Quando a intenção é correta e estou verdadeiramente pronta, todas as bênçãos encontram um modo de me alcançar.

Há tempos ela não preparava uma bandeja como aquela. Serviria um café para dois, passado com capricho, acompanhado de porções generosas de tudo o que encontrasse na geladeira. Preparando o lanche na cozinha, fazia o menor barulho possível; tudo para evitar que os sons invadissem o quarto onde o homem ainda dormia. Tinham se deitado muito cedo — quando amanhecia — e ela pretendia recompensá-lo pela noite maravilhosa com um delicioso desjejum na cama.

Em *flashes*, lembrava o carinho com que ele sempre a tratara. A memória parecia gritar por um justo reconhecimento, uma resposta às suas preces do dia anterior.

Feliz, virando a omelete na frigideira, viajava do passado até aquele momento, indo e voltando nas lembranças guardadas desde quando se conheceram, sete anos antes, mal podendo acreditar no que estava acontecendo agora. Seria acaso ou obra do universo?

É ele a resposta, Deus, para a nossa conversa de ontem? — se questionava.

O futuro, não poucas vezes, é o passado revisitado

Era uma tarde de sábado em novembro, dia do aniversário de sua grande amiga. À noite haveria o jantar de comemoração, um convite do qual não tinha como se esquivar.

Nos últimos tempos tinha se afastado quase completamente do mundo, de todos, a aniversariante incluída. Andava cada vez mais caseira, sempre para dentro, saindo apenas para tentar vender as bijuterias produzidas em série e agora acumuladas em caixas e mais caixas recolhidas num quarto.

Aquele retiro era praticamente obrigatório, já que precisava economizar em gasolina, lazer e quaisquer despesas desnecessárias, situação adequada ao seu momento, pois passara a apreciar como nunca a própria companhia, descobrindo uma paz que antes não conhecia. Paz que ela acreditava, só seria completa no dia em que o verdadeiro amor se mostrasse em sua vida.

Era sobre isso que conversava com Deus naquele sábado à tarde. Queria dar um basta nas histórias vazias que andara vivendo repetidamente. Já não queria mudar o outro, queria mudar a si mesma, e era o que vinha fazendo, uma tarefa das mais difíceis: reconhecer que suas paixões eram obras criadas por seu ego imenso, que insistia em conquistar a aceitação e o amor de quem não a queria.

Demorou até que compreendesse que queria ganhar corações como se troféus fossem. Por conta disso, passara boa parte da vida se envolvendo com homens que talvez a admirassem ou desejassem, mas sempre escorregadios e temerosos de se entregar de verdade. Agora, finalmente, ela se via como era realmente. E tomada por essas novas constatações precisou se perdoar por ter andado tanto tempo se enganando, muitas vezes suplicando pequenas migalhas de atenção ou até tentando comprar o amor.

Deus, você conhece meu coração. Sabe que o amor verdadeiro foi sempre o meu desejo, mesmo enganada pelo orgulho. Você me acompanhou nesse caminho e me ouviu lhe dizer, inúmeras vezes, que trocaria por ele todo o sucesso e dinheiro que tinha... Você sabe, Pai, houve um momento em que tentei aceitar que talvez o amor não fosse feito para mim, ou que estivesse distante do meu destino. Então decidi continuar amando de qualquer maneira, mesmo repartindo minha vida não com uma, mas com muitas pessoas. E foi dessa escolha, do vazio

*profundo que eu sentia, que surgiu a artesã. Mas, e agora, Pai? Não
me resta muita coisa, a não ser continuar respirando... Sim, pois não
pretendo deixar este mundo sem antes experimentar, verdadeiramente,
o amor. Também não quero envelhecer demais antes que ele chegue,
então, por favor, não me deixe esperar por muito tempo mais. Não
agora, quando me sinto pronta e merecedora desse presente! Não agora,
que sou capaz de reconhecer que devo ter virado as costas às pessoas
que gostavam sinceramente de mim, sem sequer enxergá-las ou dar-
me a mínima chance de gostar delas também... E se lhe digo que quero
aprender a amar, Deus querido, como posso não te pedir que o meu
desejo se cumpra, sabendo que certamente ele é o seu também?*

✳✳✳

Ainda em casa, começando a se vestir para o jantar, já fazia seus
planos para a volta. Chegaria pontualmente, entregaria o colar feito
especialmente para a amiga, ficaria o suficiente para marcar presença
e retornaria o quanto antes para o seu cantinho.

De antemão, já sabia quem eram os convidados, o que com certeza
tornaria a noite agradável. Poderia rever, após tanto tempo sumida,
os amigos que normalmente se reuniam para comemorar aquela
data. A questão é que não se sentia animada para longas conversas,
nas quais acabaria obrigada a falar sobre a própria vida. Sentia um
mal-estar ao comentar sua péssima situação, pois embora seguisse
trabalhando arduamente, os resultados não eram nada animadores,
não a ponto de poder expressar com emoção o entusiasmo de sempre
por seu projeto. Tampouco pretendia se colocar na posição de vítima,
pois já sabia muito bem não ser esse o caso. A essa altura, tinha total
consciência de que era responsável pelas próprias escolhas. O mínimo
que poderia fazer era sustentar sua força e dignidade reconhecendo
intimamente que trilhava um belíssimo caminho, embora os desafios
diários teimassem em lhe afirmar o contrário.

✳✳✳

Conferiu o relógio mais uma vez, esperando a hora que tinha
se prometido ir embora. Faltavam quinze minutos e se ela levantou do
sofá, já pretendendo começar as despedidas. Tudo isso em sincronia

com a cena lá fora, do outro lado da porta: saindo do elevador, equilibrando uma garrafa de espumante entre duas muletas, o moço conseguia finalmente chegar à casa da aniversariante. Tinha resolvido que iria de qualquer maneira, mesmo com a perna quebrada. Há tempos não a via, nunca a tinha esquecido e contava com a possibilidade de encontrá-la por lá...

Quando ouviu a campainha a aniversariante, ocupada na cozinha, pediu a ela que abrisse a porta. E sem imaginar quem seria o retardatário, o recebeu com um *déjà-vu*.

***

Viram-se pela primeira vez num jantar oferecido no pequeno apartamento onde ela morava. Assim que ela abriu a porta e o encarou, sentiu que o coração sorria. Em uma mão ele segurava uma garrafa de vinho e na outra um lindo vaso de flores, que gentilmente lhe ofereceu como desculpas por vir à sua festa sem ser convidado.

Naquela noite, tornando ainda mais acolhedora a pequena sala de visitas, o penetra, amigo de um amigo, se espremeu entre os quinze convidados deixando-a perceber, claramente, seus insistentes olhares. Foram também para ela muitos dos sorrisos encantadores que fartamente distribuiu ao longo da noitada. E já de manhã, em meio à debandada geral, saiu deixando o casaco para trás.

Dias depois, quando voltou para buscá-lo, começaram um namorico. Relação que, se dependesse dele, teria ido em frente. Ela, porém, sendo mais velha, e julgando inadequados os dez anos que os separavam, rompera com ele pra continuar batendo cabeça... até aquele momento em que se encontravam novamente.

Graças ao pé quebrado num acidente de carro eles se encontrariam no aniversário da amiga. De outro modo ele estaria longe, em outra cidade, onde agora trabalhava.

Sua presença era acolhedora. Ele a abraçava de um jeito tão fácil, carinhoso e reconfortante que ela acreditou em cada palavra sobre o quanto ela significava para ele, como estava feliz por reencontrá-la, as inúmeras vezes que pensou em ligar e acabou desistindo ao pensar que ela nem se lembraria mais dele.

Estação VIII
A Escritora

Deus não revela o futuro porque tudo muda,
a cada nova escolha que eu faço.

Com a chegada do companheiro tão desejado, ela finalmente reconheceria o amor. E após um ano estaria casada, construindo com o marido e seu filho de dez anos uma profunda, verdadeira e feliz relação familiar.

Sentia-se cada vez mais livre das dores do passado. Enquanto isso, ia aprendendo que era possível amar e ser amada por quase todo mundo, não necessariamente da maneira que seu ego pretendia ou que sua criança ferida ansiava, mas da melhor forma que ela e os outros eram capazes.

Tendo chegado a esse ponto, talvez desse por encerrada a sua aventura pessoal em busca de um propósito particular. Principalmente considerando que o casal vivia apertado, muitas vezes sem dinheiro para ir além da esquina, pois para ficar ao seu lado o marido deixara o emprego e recomeçara do nada, empregado em uma ONG. É verdade que reorganizar a vida financeira também seria relativamente fácil, bastando que ela retornasse à publicidade. Acabava de receber um excelente convite para assumir a direção de criação em uma boa agência e, no entanto, a despeito de todas as dificuldades e chamados para a "realidade", a voz interior insistia em impedir que olhasse para trás, que confiasse no cenário maior que a conduzira até ali.

— Coisa de louca — diriam muitos.

Mesmo assim ela declinou do convite, consciente de que seria impossível voltar a ser quem tinha sido um dia.

***

— Ai, que medo da onça que eu matei! — pensava ela a cada conta que conseguia pagar. Eram tempos cada vez mais desafiantes. Queria, com certeza, voltar a ser próspera materialmente, mas não pagaria qualquer preço.

Era como artesã que se via no futuro. Mesmo porque nunca deixara de se sentir responsável pelas outras, dispensadas há mais de um ano, sempre pensando num jeito de reuni-las novamente. Para chamá-las de volta, porém, precisaria ela mesma sobreviver primeiro: criar algo diferente, que pudesse produzir e vender de forma mais simples e rápida.

A palavra nas palavras

Ela era dourada e tinha o corpo salpicado de pedrinhas preciosas, cada uma de uma cor diferente. Um lindo presente que a menina ganhara aos onze anos, tirando-lhe o fôlego quando abriu a caixa de veludo. Extasiada, com os olhos arregalados, seu único pensamento foi algo como "puxa, será que eu mereço tudo isso?!"

Orgulhosa daquela caneta tão especial, sentia-se dona de um tesouro inestimável. Se deleitava com o mimo escrevendo dezenas de historinhas, muitas delas encenadas quando precisava ficar quieta, trancada no jardim do lado de fora da casa enquanto Célia terminava a faxina. E nos roteiros que imaginava, sempre cabia a Suzy, sua boneca favorita, o papel de mulher independente bem-sucedida — algo que já naquela época ela pretendia ser um dia.

Com o passar dos anos e o sumiço da caneta, acabou se esquecendo de tudo aquilo. Mas a lembrança voltou inúmeras vezes quando já era publicitária, vivendo em seu mundo aparentemente excitante e cor-de-rosa. Via-se como a própria personagem dos enredos infantis, acreditando que o destino estava escrito e que aquela caneta que recebera de presente prenunciava o futuro: seria uma redatora talentosa, com uma carreira de sucesso.

Agora, já mulher madura, buscando inspiração para algo que lhe garantisse a sobrevivência, viu a caneta ressurgir das lembranças e impactá-la mais do que nunca: revelava, nas tintas do passado, as pistas deixadas pelo caminho.

Eu não deveria me espantar por viver sem dinheiro! Pois não fui eu mesma quem fez essa escolha?! Não fui eu quem disse aos céus, inúmeras vezes, que trocaria tudo o que tinha pelo amor verdadeiro?! — se tocava, finalmente. Foi como se um sino soasse em sua cabeça: "No princípio foi o verbo..." — reiterou aquela voz interna, já sua velha conhecida.

"No princípio era o verbo, e o verbo estava com Deus, e o verbo era Deus. Ele estava no princípio com Deus. Todas as coisas foram feitas por intermédio dele, e sem ele nada do que foi feito se fez. E o verbo se fez carne, e habitou entre nós, cheio de graça e de verdade; e vimos a sua glória, como a glória do unigênito do Pai." (*João 1:1, 2, 3, 14*)

Pela primeira vez ela compreendia mais profundamente o poder que tinha: o poder de escrever a própria história através de seus sentimentos, intenções e palavras.

*
* * *

Enquanto bordava o corpo de uma caneta e a enfeitava com cristais delicados e multicoloridos, ela sorria, maravilhada com o resultado. Estava determinada a escrever um novo capítulo de sua história: trazer sua prosperidade de volta.

O novo produto parecia promissor; já tinha criado alguns modelos de canetas artesanais e as vendido bem mais facilmente do que os colares. O teste estava feito, e ela apenas aguardava as embalagens que encomendara para ir atrás de um grande pedido. Depois, pouco a pouco, à medida que o negócio prosperasse, recomeçaria tudo chamando Dona Hilda de volta.

Dando o último arremate na linha dourada, antecipava o enorme prazer que sentiria ao comunicar às outras mulheres que voltariam à ativa. Já tinha até o nome da caneta, soprado três dias antes em seu ouvido: "A Es-cri-to-ra" — ia ela soletrando, enquanto lentamente no papel reproduzia as letras, testando a tinta pela última vez.

As estrofes começaram a surgir, vindas sabe-se lá de onde, letra por letra, uma após a outra. Seus dedos corriam rápidos pelas páginas, deixando fluir o texto sem que ela pensasse, sem que interferisse, sem que ousasse parar...

Eu sou A Escritora
Me apresento como previsto
Cumpro minha missão
Pois assim está escrito

Havia uma voz guardada
Bem escondida em mim
Que não me deixava parar
Me dizia para ir mais além
Algo além da intuição
Até o poder de alcançar
E expandir minha visão

Embarquei nessa incrível jornada
Meio árdua
Meio mágica
Virei do avesso todo verso que via
Corri na contramão

Repassei mais de uma vez as ruas e ruelas
Que habitam mundos e submundos
De onde eu vim

Cruzei pontes já esquecidas
Pontes muito, muito antigas
Construídas, na verdade, por mim
De bem antes da minha infância até aqui

Até chegar a um porão

Foi grande o susto
Enorme revelação
Encontrei tantas partes de mim ali jogadas
Tão doentes e maltratadas

Não por outros
Mas por mim

Então semiconsciente
Vislumbrei uma nova jornada
Que me levou mais fundo do que o fundo da minha alma
Até me fazer saber
Que Sou muito mais do que ouso ver

Eu Sou A Escritora
E assim
Sem fugir
Escolhi me abrir

Um cordão interior me apertou
Deu um nó na minha mente
Foi fundo em cada parte que sente
Despertou o que mais parecia ser
Apenas um corpo presente
E de pessoa displicente
Quase ausente
Me dei conta de mim

Perplexa reconheci jogos de luzes e sombras

Quantas regras eu jogava?
Quantos julgamentos?
Quantas culpas acumuladas?
Quantas crenças equivocadas habitavam em mim?

Havia tanta mágoa
Tanta dor mal expressada
Que foi preciso lavar cada lágrima
Imenso trabalho
Parecia sem fim

Mas quanto mais fundo eu ia
Nas coisas que chamava de minhas

Mais compreensão eu ganhava
De que cada parte do caminho é, por si, a jornada
Jornada de cada um
Mas de um só caminhar
Eu Sou a Escritora
E para o Ser
Reli cada linha da vida
Fosse preta, branca, cinza
Feia ou bonita
Aceitei cada eu escondido em mim

O que experimentei foi a suave graça
De Ser tudo o que sonhava
E que nada mais era do que não ser julgada
Ser perdoada
Amada
Abençoada
Não por ninguém
Mas por mim

Fui toda gratidão ao reconstruir minha morada
Joguei luz em cada canto sombrio
Pintei os mais belos quadros
Plantei um jardim
E então tive a chave para um mundo em mim
Feito todo de Amor e Paz

Eu sou a Escritora
Sou gentil com as palavras
Amorosa com as emoções
Hoje trato A Mim A Tudo A Todos
Como grãos

Expandi minhas criações
Colhi espinhos, flores, frutos
Experimentei tantas novas plantações
Por fim me entreguei de vez

Velei tudo o que já não me servia
Libertei-me de velhos contratos
Liberei o controle que pensava ter sobre a vida

Joguei fora hipóteses e teorias
Inclusive a hipocrisia
Hoje encontro no que Eu Sou
No que planto e colho
Na minha completa experiência
As respostas que não tinha

Atenta ao que sentia
E não ao que diziam ser eu
Recriei meu autorretrato
E foi assim que me ganhei
E ao amor que habita em mim
E que se está em mim
Está em tudo também

Eu Sou a Escritora
Desembarco na estação
Chego leve
Inteira
Quase sem bagagens
Sem o peso morto do passado
Sem a ilusão das sombras do futuro

Sempre atenta ao que sinto, digo e faço
Vou compreendendo a história que crio
Alcanço o entendimento
De que tudo é pertinente
De que tudo é adequado aos jogos que jogamos

Esconde-esconde que curiosos inventamos
Labirinto em que nos perdemos
Escondendo-nos de nós mesmos
Esquecendo de como É Ser na verdade quem somos

Somos mestres em criar

E como em tudo não há acaso neste encontro
Agora é o momento
Somos muito mais que um
Em um pleno despertar
Eu Sou a Escritora
Abri portas e janelas
Limpei a poeira dos olhos
Até compreender que não há nada de errado
Nem com o futuro ou o passado
Pois todo perdão a ser dado é presente
E passa primeiro por mim

É como olhar o sol de frente
Parece cegar
Mas é também Luz que aquece
Pois tudo, no absoluto, é Amor

Sigo jogando um a um
Velhos conceitos no chão
Conceitos que não são meus
Mas que apenas andavam comigo
Parecendo ser meus melhores amigos

Crenças enraizadas
Que me mantinham nos trilhos
Embora me levassem para bem longe da estação

Mas é no encontro profundo
Com todos os seres a quem chamo de Eu
Que posso me Unificar
Sentir e Amar Deus
Reconhecer e me curvar
Diante de tudo que Eu Sou.

Eu Sou A Escritora
E escolhi aceitar
Aprender
Perder
Me entregar

Sem controle
Sem resistência
Em total confiança
Por minha conta e risco

Por livre-arbítrio dei um salto no escuro
Assumi minha vida sempre tão certinha
E a virei de ponta-cabeça
Abri mão de tudo
Tudo o que em minha ilusão
Acreditava ser o melhor que eu tinha

Tudo isso aconteceu
Para eu sair do porão
E dessa vez me encontrar ali
Do outro lado do rio
Alegremente a acenar para mim

Era Eu renovada
Essência sempre guardada
Pronta para fluir

Eu Sou A Escritora
A que veio do coração
Rendida à divina descoberta de me saber Eu mesma
Sou também compaixão
Eu Sou A Escritora
Sou sem definição
Semente que vi renascer das memórias do meu Ser

Eu Sou a Escritora
E você?
Quem será?

Somos uma só família
Humanos divinos e irmãos
Você como Eu
 É a mais pura Expressão

A Beleza única de cada criação

Eu Sou A Escritora
Dignifico meu papel e sou toda gratidão
Pela Graça do grande Criador
Por minha vontade e escolha
Compartilho minha visão

Eu Sou A Escritora
Atriz Autora Expectadora
Criadora consciente da minha própria história
Sigo como quem vê toda a obra
Antes mesmo de a manifestar

O que se vê é a visão inteira
Assim como o artista que modela a argila
A vê feia, sem forma, sem tinta
Mas sabe que a beleza está ali
Sempre esteve
Sempre estará

Eu Sou a Escritora
Hoje não conto mais o tempo
Apenas conto com ele e com meu olhar atento

Eu Sou A Escritora
O tempo é meu melhor amigo
Basta que eu lhe dê
O tempo que ele precisa

Quando criança quis ser bailarina
Trazia em mim um saber genuíno
De que Amor é uma troca gentil
Sincrônica como um balé

A música
Um
O outro

Tudo é parte do todo
Passos conscientes no encontro harmonioso

Eu Sou a Escritora
Sei que não corro perigo
Escolho com a consciência
De que a Paz é comigo

Sei que onde há o mal
O bem também está
Apenas esperando ser visto
Para se manifestar

Eu sou a Escritora
E digo que cada verdade dita
Cada pensamento amoroso
Toda intenção sincera
Cada palavra cumprida
São nosso papel e tinta

Eu Sou a Escritora
Feliz viajante da luz que se faz
Transmuto minhas próprias doenças
Ajudo também a curar

Eu Sou a Escritora
E abençoada é a mão
Que tece
Serve
Toca
Cria
Afaga
Ensina
Apoia
Cura
Guia
Constrói
Limpa
Cuida

Alimenta
Trabalha
Escreve
Como se o fizesse em oração

Estação IX

A Escolha

Eu sou A Escritora.
Praticarei, a cada momento,
a maior divindade que conseguir.

Ela agora compreendia: estava sendo chamada. O chamado interior para cumprir a palavra dada. A caneta era mais que um presente guardado na memória, muito mais que um ganha-pão. Era o símbolo de seu propósito, e anunciar era o seu serviço. Caberia a ela compartilhar com todos tudo o que tinha vivido e, sim, nas linhas tortas com que escreveu sua vida reconhecia a trama divinamente tecida.

— Mas como vou ter a petulância de dizer que somos não só seus filhos, mas que Deus está vivo em cada um? Como, se mostramos tantas sombras? — exasperava-se ela, julgando-se incapaz de tamanho desafio.

— É, mas por outro lado — dizia-lhe a voz interior — como Deus poderia experimentar integralmente a humanidade, senão se esquecendo completamente de quem é?

Ainda no campo das ideias, começava a amadurecer a coragem e determinação necessárias para levar a cabo o serviço que acreditava lhe caber. Mas o trabalho diário e a falta constante de dinheiro eram impedimentos perfeitos para que começasse a escrever. Tudo certamente muito adequado, pois ela só estaria verdadeiramente pronta um pouco mais à frente, em exatos quinze meses, quando, de forma inesperada, teve a conta bancária generosamente abastecida por um contrato de publicidade com duração de dois meses. Era dinheiro suficiente para viver confortavelmente por mais de um ano, tempo que curiosamente ela precisaria para se dedicar de forma integral ao seu livro.

Estação X

A Grande Faxina

Revelar a divindade que guardamos é tarefa
que começa com cada um por si.

Tic-tac, tic-tac, tic-tac...

Enquanto observava o caos aparente lá fora, seu relógio interior corria cada vez mais rápido. A voz lá dentro insistia: era tempo de avançar.

Por todo o planeta, poderosas instituições, entidades e organizações — até então acima de qualquer suspeita — ruíam na mesma medida em que as suas velhas mentiras explodiam. Uma imensa faxina estava em curso, e parecia não haver um só lugar onde a sujeira acumulada não estivesse sendo exposta para que todos vissem.

As sombras pareciam negar-se a permanecer escondidas. No mesmo ritmo, a humanidade parecia perdida, muitos já sem saber em quem confiar ou em que acreditar. A depressão, como efeito dominó, começava a atingir pessoas que nunca anteriormente haviam entendido que mal era aquele — uma doença da alma — que revirava pobres e ricos, feios e bonitos, brancos, negros, jovens, velhos e até crianças.

Porém, observando além do drama, ela enxergava a cena maior: o que estava em movimento. Percebia a imensa oportunidade de abertura na consciência coletiva e as necessárias mudanças no planeta. Acreditava que um mundo novo estava sendo criado aqui e agora, imediatamente, já. Não começando pelo outro, mas cada um mergulhando em si mesmo e curando o próprio interior.

Já não tinha desculpas, já não lhe cabia o adiamento. Era urgente se engajar definitivamente na campanha do céu na terra. Há oito meses escrevendo, parava e retomava do mesmo ponto. Ia e voltava nas histórias passadas, sentindo-se desafiada ao dar tintas de drama ao que tinha vivido: grandes problemas, mas que agora pareciam cada vez mais distantes e desprovidos de importância.

Há muito perdoara o passado, com imensa gratidão por tudo o que havia sido. E neste momento, sentia a urgência de ir em frente, liberando também o livro. Mas como expressar, de forma clara, a subjetividade que permeava o seu entendimento do Criador? Como conduzir o leitor a vislumbrar, como ela, a infinita fonte de amor? Era como tentar descrever seu sonho com o cristal azul-violeta. Podia falar sobre o que via na superfície do lago, mas não sobre a parte submersa pelas águas, muito mais profunda, revelada apenas para quem nelas mergulhasse. Era aquele entendimento que desejava compartilhar: estamos aqui como humanos divinos, para viver o dia a dia e torná-lo sagrado pelo modo como o fazemos.

Estação XI

O Presente

Sinto três vezes antes de pensar.
Compreendo três vezes antes de julgar.
Perdoo três vezes antes de agir.

— Deus dirigindo...
— Deus dando o troco...
— Deus ultrapassando o sinal...
— Deus quase sendo atropelado...
— Deus de minissaia...
— Deus pedindo esmola...
— Deus varrendo a rua...
— Deus criança, sorrindo pra mim...

E lá ia ela dentro do ônibus, a caminho de casa, observando as pessoas que experimentavam, como ela mesma, o que é ser humano. Passando pela banca de revistas, leu as manchetes, notícias trágicas, parecendo querer amplificar mais ainda o drama e o caos, levando muitos à perda da fé e, em casos extremos, da cabeça: roubos, atrocidades, escândalos políticos e econômicos de toda ordem. Crimes praticados por tantos que ainda insistiam em viver como deuses mitológicos: iludidos, brincando de poder e controle, mas perdendo a batalha para os próprios demônios. *E não é disso que trata o livre-arbítrio? Escolher a cada momento o que eu quero trazer para o mundo?* — observava ela.

Escolher entre alegria e tristeza, entre verdade e mentira, dúvida ou fé, destruir ou reconstruir. Era assim que ela enxergava os fatos que pareciam estar virando o planeta de ponta-cabeça, tudo servindo ao propósito de aprofundar a limpeza nos velhos modos de ser. *Tudo para finalmente escolhermos criar o céu na terra... Amém!* — rezava ela.

Ao nascer do sol

Ela se espreguiçou, especialmente feliz naquela manhã. E assim que abriu os olhos encontrou os do marido, já desperto e em paz, olhando-a dormir. Ficaram alguns minutos se abraçando, calados, um entregue ao amor do outro.

Colada ao corpo do amado, agradecia por ser quem era, pelo dia que começava, pelo amor radiante, pela saúde, pela cama gostosa, pela vida sempre abundante manifestando a cada momento tudo o que realmente necessitavam. Agradeceu especialmente àquele pássaro que cantava lá fora, parecendo desejar bom-dia a ela e a quem o quisesse ouvir.

Respeitando a vontade dela de não ligar a TV enquanto não se levantasse da cama — pedido feito com visível e humano mau humor, durante o mais recente desentendimento matinal por aquele exato motivo —, ele esperou que saísse do quarto para acompanhar, como gostava de fazer, o noticiário da manhã.

Pouco depois ela estava na cozinha, preparando o café. Pensava no longo caminho percorrido até aquele dia. Mas embora estivesse planejando o tão esperado ponto final em seu livro exatamente para aquela quinta-feira, após um ano de trabalho, viu-se obrigada a cuidar da faxina a casa e preparar um jantar para convidados.

Não importa... Nem sei ainda como vai ser o final! — concluiu, já mais senhora da própria ansiedade, certa de que o encerramento se revelaria no momento oportuno.

O jantar

Planejavam receber muito bem o casal de amigos que os visitaria naquela noite. Combinando os últimos detalhes do cardápio, ela e o marido se despediram, ele saindo para o trabalho. Mas quando se viu sozinha diante de tantas providências, sentiu sua irritação crescer por não poder passar o dia dedicada aos próprios assuntos e ainda ser responsável por toda a rotina doméstica.

Respirou fundo. Aos poucos, foi recobrando a consciência do quanto aquele encontro era importante para o marido e seu trabalho na ONG, já que ele e o amigo conversariam sobre isso. Havia muito a fazer e ela mal sabia por onde começar.

Quando finalmente entrou no banho, quase no início da noite, tinha varrido, lavado, secado e organizado cuidadosamente cada canto da casa. Restava apenas preparar o jantar, marcado para as sete e meia.

Debaixo da água sentia como bênção o carinho do chuveiro, massageando seu corpo cansado e doído. Mas estava feliz consigo mesma, por estar aprendendo, dia após dia, a prática da não resistência.

***

Quando o marido voltou, por volta das sete da noite, já estava quase tudo pronto. Inclusive o arroz que tanto a desapontara, pois embora tivesse se esforçado saíra não apenas mole, mas engordurado, e o único jeito seria fazer outro. Enquanto isso, eram já oito e quinze e o casal não tinha aparecido. Telefonaram para lembrar o compromisso, mas não houve resposta. O número estava fora de área.

— Ele deve ter viajado e se esquecido de avisar... Eu também me esqueci de ligar confirmando, desculpe! Sei o trabalhão que eu te dei... — dizia o marido embaraçado, sentindo-se realmente mal com o próprio descuido.

Ela queria explodir. Era exercício demais para a pouca paciência que tinha no momento. E diante do prato imenso de salada, já todo montado e colocado na mesa, tentava controlar a imensa raiva e frustração pelo tempo perdido, deixando de lado os próprios interesses.

— Tá! Mas e agora? O que a gente vai fazer com esse monte de salada?! — perguntava, sem esconder seu mau humor.

E olhando aquele prato descomunal, exagerado, tão bem forrado de folhas verdes que mais parecia um canteiro, ele foi falando devagar e com seu jeito carinhoso, particularmente espirituoso, coroando as palavras com seu sorriso encantador:

— Pois é... Quem sabe a gente começa uma criação de coelhos? Morar no mato, hein?! Longe dessa confusão... Não seria bom?

Ela poderia continuar chateada, apegando-se à própria irritação. Ou podia escolher achar graça e rir, aceitando o convite para brincar. Graças a Deus, preferiu a segunda opção.

— É... Pode ser... Por que não? — respondeu no mesmo tom, rindo muito e se abraçando a ele.

Bastou um instante de compreensão e clareza para que ela se lembrasse de que tudo é sempre adequado, de qualquer maneira. Afinal, que melhor desfecho para o seu livro?

Era o que sinalizava o pássaro lá fora quando, no dia seguinte, ela digitou essas últimas palavras:

— Bem-te-vi!

E cantou nove vezes, tão lindo e tão alto, e tão próximo à sua janela, que só podia tratar-se de um recado de Deus confirmando: era hora de colocar sua palavra para andar, deixar que A Escritora abençoadamente seguisse o seu caminho.

Ponto final (que ela sabia se tratar, na verdade, apenas de um novo começo).

Cadernos de Viagem

Quando me pego pensando sobre as coisas
que espero, olho para o céu.
E vendo as nuvens em movimento, entendo que
o universo tem seu próprio ritmo e tempo
de fazer as coisas acontecerem.

Inúmeras vezes me questionei sobre a real intenção em dar voz à Escritora.

Para levar este texto adiante, tive que encarar — e até exorcizar — meus medos e inseguranças mais profundos. Tive que me tirar do caminho e permitir que a Escritora falasse por mim. Afinal, pensava, que importância teria a minha história na vida de mais alguém?

Finalmente, assumi o papel que me cabe, deixando que o resto flua de acordo com a escolha de cada um. O que você faria se encontrasse um tesouro, que apenas esperava para ser descoberto?

E se esse tesouro fosse você mesmo?

Se eu, que já me julguei tão pequena, posso me ver assim, você que é tão grande quanto eu pode se ver assim também.

Esta obra foi composta em Minion 11/13,1.
Impressa com miolo em off set 90g e capa em cartão 250g,
pela Createspace/ Amazon.

www.ingramcontent.com/pod-product-compliance
Lightning Source LLC
LaVergne TN
LVHW051639080426
835511LV00016B/2400

* 9 7 8 8 5 6 4 0 4 6 0 8 5 *